suhrkamp taschenbuch 66

Willi Voß
∧0177

Eric J. Hobsbawm, geboren 1917 in Alexandria, lehrt Soziologie am Birbeck College der Londoner Universität. Er ist durch Veröffentlichungen zur europäischen Sozialgeschichte und mit einem Buch über Sozialbewegungen im 19. und 20. Jahrhundert (deutsch: *Sozialrebellen,* 1962) hervorgetreten. Seine Studie zur britischen Sozial- und Wirtschaftsgeschichte (deutsch: *Industrie und Empire, Britische Wirtschaftsgeschichte seit 1750,* 1969) genießt in der angelsächsischen Welt den Ruf unübertroffener Sachdarstellung.

Die *Banditen* ist eine vergleichende Geschichte und Soziologie berühmter Bandenführer, die einerseits als wirkliche historische Figuren, andrerseits als Helden von Balladen, Geschichten und Mythen ganze Länder immer wieder in Schrecken versetzt haben, zugleich aber von unterdrückten Schichten oft als Wohltäter begrüßt wurden, auf jeden Fall die Menschen stets fasziniert und ihre Phantasie angeregt haben. E. J. Hobsbawm hat dieses Thema so behandelt, daß sich seine Studie selbst wie eine große Banditenlegende liest, deren Held immer wieder eine andere Gestalt annimmt, vom großen Rächer, edlen Räuber und Enteigner bis zum Freiheitskämpfer und Revolutionär.

Eric J. Hobsbawm
Die Banditen

Suhrkamp

suhrkamp taschenbuch 66
Erste Auflage 1972
© 1969 by E. J. Hobsbawm
© der deutschen Ausgabe
Suhrkamp Verlag, Frankfurt am Main 1972
Suhrkamp Taschenbuch Verlag
Druck: Ebner, Ulm · Printed in Germany
Umschlag nach Entwürfen
von Willy Fleckhaus und Rolf Staudt

Inhalt

Einzig das achte Kapitel geht auf eigene unmittelbare Forschungen zurück, die meisten übrigen Teile dieses Buches stützen sich auf veröffentlichtes Material, das zuweilen allerdings nur sehr schwer zugänglich gewesen ist. Was jene zahlreichen Länder betrifft, deren Sprachen ich nicht verstehe oder deren Veröffentlichungen mir nicht zugänglich waren, bin ich jenen Freunden und Kollegen zu Dank verpflichtet, denen Informationen entweder erst abgerungen werden mußten oder, was häufiger der Fall war, von denen mir großzügig und enthusiastisch Material zur Verfügung gestellt wurde, nachdem sie mein Interesse an diesem Gegenstand merkten. Dies gilt für viele meiner Hinweise, die sich auf das Banditentum in Bulgarien, Griechenland, Ungarn, Rußland, Tunesien und der Türkei beziehen; es trifft auch auf manches zu, das über verschiedene Länder Lateinamerikas und des indischen Subkontinents sowie über Italien und Spanien in diesem Buch geschrieben wurde. Mein Dank gilt ebenso den Kennern und gelehrten Liebhabern Robin Hoods wie den zahlreichen Seminaren in Großbritannien und den USA, die die Argumente dieses Buches kritisierten und mich auf neues informatives Material hinweisen, ferner der Widener Bibliothek der Universität Harvard, die man wahrlich als Fundgrube für einschlägige Forschung bezeichnen könnte. Einige Dankesschuld ist in den Fußnoten abgetragen worden, die ich allerdings auf ein Minimum beschränkte; andere Hinweise finden sich in der Bibliographie und am Ende dieses Vorwortes. Besonders danke ich den Herren Enzo Crea, Rom, und Antoine Tellez, Paris, sowie Sgt. José Avalos, Pampa Grande, Chaco, Argentinien, der sich als Farmer und in seiner Eigenschaft als ehemaliger Landgendarm sehr gut an die Banditen von Corrientes und Cha-

co erinnern kann – die er achtete und zugleich verfolgte – und der meine im dritten Kapitel vorgebrachte Analyse fast in allen Punkten bestätigte. Ich kann nur be-
dauern, daß ich Herrn Avalos' Bekanntschaft erst nach
Fertigstellung des Manuskriptes gemacht habe.

Zwei kurze Bemerkungen methodologischen Charakters:
Erstens wird der Leser bemerken können, daß ich mich
bemühte zu erklären, warum das Sozialbanditentum zu allen Zeiten und auf allen Kontinenten ein so bemerkenswert einheitliches Phänomen ist. Ob sich diese Erklärung
auch überprüfen läßt? Ganz gewiß, sofern sie ein progno-
stisches Moment beinhaltet, weil sie ganz allgemein die
Voraussage impliziert, wie Banditen in bislang unerforsch-
ten Gegenden agieren dürften und welche Geschichten man
sich über solche Banditen zutragen wird. Im vorliegenden
Versuch wird ein »Modell« erweitert, das ich in meinem
Buch *Sozialrebellen* erstmalig ausführte, wobei ich mich
damals ausschließlich auf europäisches Material beschränkte, vor allem auf Spanien und Italien. Ich hoffe, daß die
Erweiterung nicht zu Widersprüchen geführt hat, besteht
doch die Wahrscheinlichkeit, daß bei größerer Verallge-
meinerung die individuelle Eigenart vernachlässigt wird.

Zweitens bediente ich mich recht bedenklicher historischer
Quellen: Balladen und Gedichte. Diese Form kollektiver Erinnerung und Mythisierung ist gewiß unzuverlässig, was die
einzelnen Tatsachen des Banditenwesens betrifft, doch verschafft sie bei aller Distanz von den wahren Ereignissen
immer wieder Einsicht in die soziale Umwelt der Banditen, insofern als kein Grund zur Annahme besteht, daß
diese in den Balladen und Gedichten verfälscht wird. Allerdings werfen die Balladen eine schwierige Frage auf:
Inwiefern wirft der »Mythos« vom Banditen tatsächlich ein
Licht auf die wirklichen Verhaltensweisen von Banditen?
Mit anderen Worten gesagt: entsprechen sie wirklich der
Rolle, die ihnen im Drama bäuerlicher Existenz zugeschrie-
ben wird? Eine gewisse Verbindung besteht hier sicher-

lich. Hier hilft nur der gesunde Menschenverstand, und ich hoffe, daß ich seinen Boden nicht verlassen habe.

Die Bemerkungen richten sich an Soziologen und Sozialhistoriker, die in letzter Zeit ein immer größeres Interesse am Banditentum an den Tag legten. Dennoch hoffe ich, daß sich mein Buch nicht an sie allein richten wird, sondern auch von allen jenen mit Vergnügen und einigem Gewinn gelesen und betrachtet werden kann, die die Meinung meines Vorgängers MacFarlane teilen: »Es gibt nur wenige Themen, die uns ganz allgemein mehr interessieren als die Abenteuer von Räubern und Banditen.« Was MacFarlane schrieb, kann noch heute als Motto dieses Buches gelten.

Für wertvolle Hilfe bei der Beschaffung und Identifizierung von Illustrationen schulde ich auch Professor B. Cvetkova, Sofia, C. A. Curwen von der School of Oriental and African Studies, Fei-ling Blackburn und Richard Rogers sowie Georgina Brückner Dank.

London, Juni 1969   E. J. Hobsbawm

1. Was ist Sozialbanditentum?

»Gewiß, wir sind traurig; aber das kommt daher, weil wir immer verfolgt wurden. Die Besitzenden und Gebildeten verwenden die Feder, wir haben unsere Gewehre. Sie beherrschen das Land, wir sind die Herren der Berge.«
Ausspruch eines alten Briganten aus Roccamandolfi (Molise), zitiert bei Molfese (1964), Seite 131.

Wer zu einer Gruppe von Leuten gehört, die andere gewalttätig überfallen und berauben, gilt vor dem Gesetz als Bandit; den Großstadtdieb, der an einer Straßenecke Lohntüten stiehlt, nennt man ebenso einen Banditen wie die organisierten Rebellen oder Guerrilleros, die offiziell noch nicht als solche anerkannt werden. Eine so grobe Definition ist für Historiker und Soziologen unbrauchbar. Wir werden uns hier lediglich mit einer bestimmten Art Räuber befassen, mit jenen nämlich, die nach Ansicht der öffentlichen Meinung *keine* gemeinen Verbrecher sind. Wir werden im wesentlichen eine Spielart individueller oder minoritärer Rebellion behandeln, die in Agrargesellschaften vorkommt. Aus Gründen der Zweckmäßigkeit werden wir das städtische Gegenstück zu den bäuerlichen Räuber-Rebellen nicht in Betracht ziehen und nur wenig über die zahlreichen vorkommenden ländlichen Desperados sagen, die weder Bauern sind – noch zu den Bauern gehören –, sondern vielmehr verarmte räuberische Edelleute. Stadt und Land sind viel zu verschiedene Formen menschlichen Zusammenlebens, um ohne weiteres mit denselben Begriffen abgehandelt werden zu können, und es ist jedenfalls für bäuerliche Banditen charakteristisch, daß sie – so wie die meisten Bauern – den Städtern mißtrauen und sie hassen. Zwischen niederen Adeligen, die zu Banditen wurden (bekannteste Erscheinungsform sind die deutschen »Raubritter« des späten Mittelalters) und der Bauernschaft gibt es allerdings mehrfache, später behandelte Beziehungen, die jedoch obskur und komplex sind.

Es ist das besondere Merkmal der Sozialbanditen, daß Feudalherr und Staat den bäuerlichen »Räuber« als Verbrecher ansehen, während er jedoch weiterhin innerhalb der bäuerlichen Gesellschaft bleibt und vom Volk als Held, Retter, Rächer und Kämpfer für Gerechtigkeit betrachtet wird; vielleicht hält man ihn sogar für einen Führer der Befreiung, jedenfalls für einen Mann, den man zu bewundern hat, dem man Hilfe und Unterstützung gewähren muß. Gerade diese Beziehung zwischen dem gewöhnlichen Bauern und dem Rebellen, Geächteten und Räuber macht das Sozialbanditentum interessant und bemerkenswert. Sie unterscheidet es auch von zwei anderen Formen des Verbrechertums in Agrargegenden, und zwar einerseits von den Banden der professionellen »Unterwelt« oder den bloßen Freibeutern (»gemeine Räuber«), anderseits von Gemeinwesen, in denen Diebstahl und Überfall einen Teil des normalen Lebens ausmachen, so etwa bei den Beduinen. In jedem dieser Fälle sind Opfer und Angreifer einander fremd und Feinde. Die Räuber und Plünderer der Unterwelt sehen Bauern als wohlfeile Beute an, und sie wissen, daß diese sie als Feinde betrachten. Die Beraubten wiederum halten den Angreifer für einen Kriminellen, und zwar gemäß den eigenen Begriffen und nicht bloß im Sinne des offiziell geltenden Rechts. Für einen Sozialbanditen wäre es undenkbar, sich im eigenen Gebiet – und vielleicht sogar außerhalb dieses Territoriums – an der Ernte der Bauern zu vergreifen, (obwohl er die Ernte der Herren gewiß nicht verschont). Wer den Bauern die Ernte nimmt, der befindet sich außerhalb jenes eigenartigen Verhältnisses, demzufolge Banditentum »sozial« wird. Oftmals sind solche Unterscheidungen in der Praxis natürlich nicht so eindeutig wie in der Theorie. So mag sich einer in seinen Heimatbergen als Sozialbandit verhalten, während er in der Ebene als ganz gewöhnlicher Räuber auftritt. Dennoch ist diese Unterscheidung analytisch notwendig.

Derartiges Sozialbanditentum ist eines der am weitesten verbreiteten sozialen Phänomene der Geschichte und zugleich auch eines mit erstaunlich gleichmäßigen Erscheinungsformen. Praktisch alle vorliegenden Fälle gehören zu zwei oder drei einander deutlich verwandten Typen, innerhalb derer es nur relativ oberflächliche Abweichungen gibt. Vor allem ist diese Gleichmäßigkeit der Erscheinungsformen nicht eine Folge kultureller Diffusion, sondern ein Spiegelbild von Situationen, die in verschiedenen bäuerlichen Gesellschaften einander ähneln, sei es in China, Peru, Sizilien, in der Ukraine oder in Indonesien. Geographisch ist dieses Banditentum in ganz Amerika, Europa, Süd- und Ostasien, in der Welt des Islam und sogar in Australien verbreitet. Oder in sozialer Hinsicht formuliert: es scheint in allen Typen menschlicher Gesellschaft vorzukommen, die sich in der Entwicklungsphase befinden, die zwischen primitiver Stammes- und Sippenorganisation einerseits und dem Kapitalismus der modernen Industriegesellschaft anderseits liegt; eine Phase, die sowohl die Periode der Auflösung einer auf Verwandtschaftsbeziehungen aufgebauten Gesellschaft als auch den Übergang zum Agrarkapitalismus einschließt.

In Stammes- und Sippengesellschaften sind Raubüberfälle zwar an der Tagesordnung, doch besteht da noch nicht jene innere Schichtung der Gesellschaft, die Banditen zu Gestalten sozialen Protestes und Empörertums macht. Wenn solche Gemeinschaften, und zwar insbesondere solche, wo Fehde und Raubzug gebräuchlich sind – wie beispielsweise Hirten- und Jägergemeinden –, erst einmal ihre eigenen Systeme unterschiedlicher Klassen herausbilden, oder wenn sie von größeren Wirtschaftssystemen aufgesaugt werden, die bereits auf Klassenkonflikten basieren, dann können sie sehr wohl eine unverhältnismäßig große Zahl Sozialbanditen hervorbringen, wie beispielsweise auf

Sardinien oder im Kuncság (jener ungarischen Kumanen-gegend, in der sich eine der letzten mittelasiatischen Hir-tennomadengruppen, welche Europa besiedelten, niederge-lassen hatte). Beim Studium solcher Gegenden läßt sich nur schwer sagen, zu welchem Zeitpunkt die Raub- und Fehdepraktiken in das Sozialbanditentum übergehen, ob als Form des Widerstandes gegen die Reichen, gegen fremde Eroberer oder Unterdrücker oder gegen andere Kräfte, welche die traditionelle Ordnung zerstören – alles Momente, die die Gedanken der Banditen bestimmen mögen und tatsächlich auch in Wirklichkeit miteinander verbunden sind. Eine zeitliche Fixierung des Überganges könnte aber dennoch bei einigem Glück auf ein bis zwei Generationen möglich sein, so etwa im Falle Sardiniens, wo sie für die Gebirgsgegenden das halbe Jahrhundert zwischen 1880 und 1930 umschreibt.

Die modernen Landwirtschaftssysteme am anderen Ende der historischen Entwicklung, sowohl die kapitalistischen als auch die nachkapitalistischen, sind nicht länger die Sy-steme traditioneller Bauerngesellschaften und produzieren denn auch keine Sozialbanditen mehr. Das Land, dem die Welt ihr internationales Paradigma wahren Sozialbanditen-tums, nämlich Robin Hood, verdankt, verzeichnet unge-fähr seit Anfang des 17. Jahrhunderts keine Sozialrebellen in seinen Annalen, obwohl die öffentliche Meinung die-ses Landes späterhin noch mehr oder weniger brauchbare Ersatzidole fand, indem sie andere Kriminelle – die Stra-ßenräuber etwa – idealisierte. »Modernisierung« im wei-teren Sinn, das heißt Kombination von wirtschaftlicher Ent-wicklung, effizienten Kommunikationen und öffentlicher Verwaltung, entzieht jeder Art des Banditentums, also auch dem sozialen, die Bedingungen, unter denen es florieren könnte. Zum Beispiel war das Brigantentum im zaristischen Rußland um die Mitte des 18. Jahrhunderts endemisch oder epidemisch noch fast über das ganze Land verbreitet, zu Ende desselben Jahrhunderts schon aus der unmittelbaren

Nachbarschaft der Städte verschwunden und, allgemein gesprochen, um die Mitte des 19. Jahrhunderts auf unbesiedelte und unbefriedete Gegenden beschränkt, insbesondere wenn sie von nationalen Minoritäten bewohnt wurden. Die Abschaffung der Leibeigenschaft im Jahre 1861 brachte das Ende einer langen Serie von Regierungserlassen, die gegen das Banditentum gerichtet waren und deren letzter wahrscheinlich 1864 herausgegeben wurde.

Sonst findet man Sozialbanditen überall dort, wo eine Gesellschaft auf Landwirtschaft basiert (Viehwirtschaft inbegriffen) und ihr hauptsächlich Bauern und Landarbeiter mit oder ohne eigenen Grund und Boden angehören, die von anderen beherrscht, ausgebeutet und unterdrückt werden – von Gutsherren, Städten, Regierungen, Juristen und sogar Banken. Und zwar treten sie dann in einer ihrer drei Hauptformen auf, deren jede in einem eigenen Kapitel dieses Buches behandelt werden soll, nämlich entweder als *edler Räuber* beziehungsweise Robin Hood oder als *Heiducken,* wie ich primitive Widerstandskämpfer und Guerillaeinheiten bezeichnen möchte, und möglicherweise auch als *Rächer,* die den Schrecken des Terrors bringen.*

Es läßt sich nur schwer feststellen, wie häufig dieses Banditentum vorkommt. Finden sich in den verfügbaren Quellen auch zahlreiche *Beispiele* von Banditen, so sind sowohl Schätzungen über die Gesamtzahl der zu einer gewissen Zeit aktiven als auch die quantitativen Vergleiche zwischen verschiedenen geschichtlichen Epochen höchst selten. Sicherlich handelt es sich unter normalen Umständen um bescheidene Zahlen. In der unruhigsten Gegend Kolumbiens gab es zu einem Zeitpunkt, als der anarchische Bürgerkrieg nach

---

* Hinsichtlich der eigenartigen südasiatischen Kastengesellschaften der Hindus muß man möglicherweise manche Ausnahme machen. Dort wird das Sozialbanditentum an seiner Ausbreitung gehindert, weil die Räuber so wie alle anderen gesellschaftlichen Gruppen die Neigung haben, abgeschlossene Kasten und Gemeinschaften zu bilden. Wie wir jedoch noch sehen werden, gibt es trotzdem einige Verwandtschaft zwischen manchen Dakaiten und den Sozialbanditen.

dem Jahre 1948 kulminierte, weniger als vierzig Banden bewaffneter Bauern; wenn für die durchschnittliche Räuberbande zwischen zehn und zwanzig Mann angenommen werden – diese Ziffer ist auf allen Kontinenten und zu allen Zeiten erstaunlich konstant –, so bedeutet das vier- bis achthundert Banditen auf einem Gebiet von etwa 23 000 Quadratkilometern, in dem zwischen 166 Siedlungen 600 000–700 000 Landbewohner leben*[1] Zweifellos gab es in dem von etwa einer Million Menschen bewohnten Mazedonien zu Anfang dieses Jahrhunderts viel mehr Banden, doch wurden sie von verschiedenen Regierungen organisiert und unterstützt, und obwohl also auch sie für spontan entstehendes Banditentum solcher Gegenden nicht repräsentativ sind und weit mehr als den Durchschnitt darstellen, gab es wahrscheinlich nicht mehr als ein- oder zweitausend Banditen [2]. Nehmen wir an, daß Banditen höchstens ein Promille der ländlichen Bevölkerung ausmachen, so ist dies sicherlich eine mehr als großzügige Schätzung.

Selbstverständlich sind die regionalen Unterschiede groß und beachtenswert. Sie haben teils geographische, teils technologische und administrative Ursachen, und teils hängen sie von der sozialen und wirtschaftlichen Struktur ab. Es ist hinlänglich bekannt, daß das Banditentum in weit abgelegenen und schwer zugänglichen Gebieten besonders üppig gedeiht: in Gebirgsgegenden, unwegsamen Ebenen, Marschland, Wäldern und Flußmündungsgebieten, wo es Buchten und Flußlabyrinthe gibt. Ebenso weiß man, daß die Handelswege und wichtigen Landstraßen, über die der vorindustrielle Reiseverkehr nur langsam und schwerfällig dahinrollen kann, Briganten anlocken. Oftmals wird das Banditentum schon merklich durch den Bau guter und schneller, moderner Straßen eingeschränkt. Auch eine un-

* Es gab zu jener Zeit in Wirklichkeit weit mehr bewaffnete Empörer, doch handelt es sich da um keinen typischen Maximalwert, sondern lediglich um eine Konsequenz der Bürgerkriegswirren und des Zusammenbrechens der Sozialstruktur.

fähige und komplizierte Verwaltung kommt den Banditen entgegen. Es ist kein Zufall, daß man während des 19. Jahrhunderts im Habsburgerreich mit dem Brigantenproblem viel besser fertig geworden ist, als dies der verworrenen und dezentralisierten Verwaltung der Türken gelang, und daß Grenzlandgebiete – besser noch: Gegenden, in denen verschiedene Grenzen zusammentreffen, wie etwa in Mitteldeutschland oder in jenen Teilen Indiens, die zwischen Briten und verschiedenen Prinzen in einzelne Staaten aufgeteilt worden waren – unter andauernden Schwierigkeiten zu leiden hatten. Ideale Bedingungen eröffnen sich dem Brigantentum dort, wo Ortsansässige die lokale Behörde der Obrigkeit verwalten und dabei unter komplizierten lokalen Verhältnissen agieren müssen, wo sich Räuber durch eine Reise von ein paar Kilometern der Obrigkeitsgewalt und oft sogar dem Wissen des einen Machtapparates entziehen können und im Bereich einer anderen Behörde untertauchen, weil sich hier niemand darum kümmert, was »draußen« passiert.*

Allerdings erklären derlei offenkundige Faktoren die regionalen Unterschiede in der Verbreitung des Banditentums nicht ausreichend. Oftmals sind die regionalen Unterschiede sehr bemerkenswert, so etwa in China, wo sich die Gesetzgebung der Kaiserzeit zur Unterscheidung zwischen besonderen »Brigantengebieten« (wie etwa Szetschuan, Honan, Anhuei, Hupei, Schansi sowie Teile von Kiangsu und Schantung) und anderen veranlaßt sah. [3] Die peruanischen Provinzen Tacna und Moquegua blieben banditenfrei, obwohl sie dafür eigentlich günstig gewesen wären. Von einem Historiker wird dieser Tatbestand wie folgt erläutert: »Es gibt hier keine Gutsherren, keinen Warenschacher und keine Arbeitsmakler, es gibt keine Vorar-

---

* In D. Eeckhoute ›Brigands en Russie du 17e au 19e siècle‹ (*Rev. Hist. Mod. & Contemp.* XII, 1965 S. 174/5) findet sich ein Verzeichnis jener Orte im europäischen Rußland, die mit dem Brigantentum besonders verbunden waren.

beiter und keine völlige oder unwiderrufliche Oberhoheit über die Wasserreserven.« [4] Mit anderen Worten: unter den Bauern gab es weniger Unzufriedenheit. Eine Gegend wie das nordjavanische Bantam hingegen war im 19. Jahrhundert stets ein Zentrum des Banditentums und zugleich ein Herd der Rebellion. Warum mancherorts das Banditentum endemisch war, anderswo im gleichen Land jedoch nur mäßig, kann nur nach sorgfältigen regionalen Studien erklärt werden.

Die »diachronen« Unterschiede bedürfen zwar ebenso besonderer historischer Studien, man kann dennoch folgende Verallgemeinerungen machen:

In Zeiten der Verarmung und wirtschaftlicher Krisen wird eine Tendenz zur epidemischen Vermehrung des Banditentums sichtbar. So spiegelte die auffallende Zunahme des Brigantentums am Mittelmeer gegen Ende des 16. Jahrhunderts (Fernand Braudel hat darauf aufmerksam gemacht) den starken Verfall der bäuerlichen Lebensbedingungen wider. Die Aherija des indischen Uttar Pradesch waren stets ein Stamm von Jägern, Vogelstellern und Gelegenheitsdieben gewesen; »erst in der großen Hungersnot von 1833 wurden sie zu Straßenräubern« [5]. Im sardischen Hochland der 1960er Jahre erreichte das Banditentum alljährlich seinen Höhepunkt zu der Zeit, wenn die Schafhirten ihre Abgaben entrichten sollten. Derlei Beobachtungen bedürfen keiner Erklärung, sondern sind so banal, daß es genügt, sie zu Papier zu bringen. Vom Standpunkt des beobachtenden Historikers ist es wichtiger zu unterscheiden, ob solche Krisen zugleich auch eine gewaltige historische Veränderung bedeuten oder nicht. Eine solche Unterscheidung wird von den betroffenen Bauern allerdings nur langsam und retrospektiv wahrgenommen werden, sofern sie ihnen überhaupt klar wird.

Sämtliche Agrargesellschaften der Vergangenheit waren an das periodische Auftreten arger Not gewöhnt – Mißernten und andere Naturereignisse – sowie an gelegentlich hereinbrechende Katastrophen, die zwar an und für sich nicht voraussehbar waren, von denen die Dorfbewohner jedoch annehmen konnten, daß sie sich früher oder später ereignen würden: Kriege, fremde Besatzer, der Zusammenbruch des Verwaltungssystems, an dessen Ausläufern man als unscheinbarer Teil hing. Als Folge jedes dieser Ereignisse würde sich die eine oder andere Abart des Banditentums stark vermehren, um dann wieder zu verschwinden. Nach Kriegen und als Folge des Zusammenbruchs des politischen Systems würden allerdings Banden von Marodeuren und Desperados für einige Zeit als Hinterlassenschaft der Katastrophe im Land zurückbleiben, zumal wenn die Regierung schwach oder uneinig wäre. Das als gewaltige Epidemie auftretende (nicht-soziale) Brigantentum, welches das Rheinland während der 1790er Jahre überschwemmte, konnte von einem leistungsfähigen, modernen Staatsapparat, wie ihn das nachrevolutionäre Frankreich damals besaß, binnen weniger Jahre liquidiert werden, während andrerseits die soziale Zerrissenheit als Folge des Dreißigjährigen Krieges in Deutschland ein Netz von Räuberbanden zurückließ, das sich mindestens ein Jahrhundert halten konnte. Nichtsdestoweniger besteht in Agrargesellschaften die Tendenz, daß nach solchen traditionellen Störungen des Gleichgewichts wieder der normale Stand der Dinge hergestellt wird (mit seinem normalen Bestand an sozialen und anderen Banditen).

Einigermaßen anders ist die Situation dort, wo Ereignisse, die zu einer epidemischen Ausbreitung des Banditentums führen, nicht – um eine geographische Analogie zu ziehen – wie japanische Erdbeben oder niederländische Überschwemmungen von Zeit zu Zeit eintreten, sondern wie die wachsenden Gletscher zur Eiszeit langfristige Entwicklungen darstellen oder wie die Erosion unwiderrufliche Veränderungen mit sich bringen. Unter solchen Umständen bedeutet ein epidemisch auftretendes Banditentum nicht bloß eine Zunahme an kräftigen Leuten, die sich,

anstatt zu hungern, alles, was sie brauchen, mit Waffengewalt besorgen, sondern es spiegelt vielleicht den Zusammenbruch einer ganzen Gesellschaft wider, den Aufstieg neuer Klassen, das Entstehen von neuen Gesellschaftsstrukturen, den Widerstand einer ganzen Gemeinschaft oder eines ganzen Volkes gegen die Zerstörung seiner Lebensweise. Wie etwa in der Geschichte Chinas mag sich aber auch das Ende eines »göttlichen Auftrags« widerspiegeln, ein sozialer Zusammenbruch, der nicht eine Folge zufälliger Kräfte ist, sondern das Ende eines verhältnismäßig langen Geschichtszyklus bezeichnet; es wird der Sturz der einen Dynastie angekündigt, an deren Stelle eine andere treten soll. In einer solchen Zeit könnte das Banditentum der Vorläufer oder der Begleiter von größeren sozialen Bewegungen, wie etwa der Bauernrevolutionen, sein. Anderseits kann sich aber auch das Banditentum selbst verwandeln, indem es sich einer neuartigen sozialen und politischen Situation anpaßt, obwohl es dann jedoch so gut wie nie Sozialbanditentum bleiben wird. Der für die beiden vergangenen Jahrhunderte typische Umschwung von der vorkapitalistischen zur kapitalistischen Wirtschaft vermag die Agrargesellschaft zu zerstören, die Banditen hervorbringt, und jene Bauernschaft zu vernichten, die Banditen unterstützt – und somit auch die Geschichte des sozialen Räubertums zu beenden. In vielen Teilen der Welt brachten das 19. und 20. Jahrhundert den Höhepunkt des Sozialbanditentums; in den meisten Teilen Europas hat es vermutlich zwischen 1500 und 1800 seine größte Zeit gehabt. Heute aber ist der Sozialräuber fast ausgestorben, obwohl er noch in einigen wenigen Gebieten zu finden ist.
In Europa hält er sich nur im Hochland Sardiniens einigermaßen am Leben, obwohl das Banditentum in der Folge von Weltkriegen und Revolution mancherorts wiederaufflackerte. Dennoch ist es kaum ein Jahrhundert her, daß es in Süditalien, dem klassischen Land der *banditi*, während des großen Bauernaufstandes und der Guerilla

der Briganten (1861/65) seinen Höhepunkt erlebt hat. In Spanien, dem anderen klassischen Banditenland, waren die Briganten für jeden, der im 19. Jahrhundert die Pyrenäenhalbinsel bereiste, eine Selbstverständlichkeit, und noch zur Zeit Eduards VII. gehörten Abenteuer mit Banditen zu den einkalkulierten Risiken einer Spanienreise (man denke etwa an Bernard Shaws Drama »Mensch und Übermensch«); sie näherten sich dort jedoch bereits ihrem Ende. Francisco Ríos (›El Pernales‹), der zu dieser Zeit tätig war, ist der letzte, wirklich legendäre Brigant Andalusiens; in Griechenland und auf dem Balkan konnte man sie sogar noch später antreffen. Im Nordosten Brasiliens trat das Brigantentum nach 1870 in seine epidemische Phase ein, um seinen Höhepunkt im ersten Drittel des 20. Jahrhunderts zu erreichen und 1940 auszusterben; seither ist es nicht mehr erwacht. Es gibt gewiß noch immer einige Gegenden – vermutlich im Süden und Osten Asiens sowie in einigen Gebieten Lateinamerikas –, wo das Sozialbanditentum alten Schlages anzutreffen ist. Auch daß es in Afrika südlich der Sahara in weit größerem Maße entstehen konnte, als uns bislang überliefert wurde, ist durchaus möglich. Das Phänomen »Sozialbanditentum« gehört aber nichtsdestoweniger bereits der Vergangenheit an – wenngleich auch oftmals erst der jüngsten. Es wurde ein Opfer der modernen Welt, die ihre eigenen Formen des Verbrechertums oder der Sozialrebellion an seine Stelle treten ließ.

Welche Rolle spielen die Banditen bei Veränderungen der Gesellschaft? Spielen sie dabei überhaupt eine Rolle? Der einzelne Bandit ist weniger ein politischer oder sozialer Rebell – geschweige denn ein Revolutionär – als vielmehr ein Bauer, der die Unterwerfung verweigert und sich dadurch von seinen Schicksalsgenossen unterscheidet. Oder noch schlichter: es sind Leute, die sich von dem für ihresgleichen gewöhnlichen Schicksal ausgeschlossen sehen und deshalb dem Banditentum, der Ächtung und dem »Verbre-

chertum« in die Arme getrieben werden. Sie sind *en masse*
denn auch kaum mehr als Symptome der Krisen und Spannungen ihrer Gesellschaft, welche von Hunger, Krieg, Seuchen oder anderen Katastrophen zerrissen wird. So hat das
Banditentum in einer Bauerngesellschaft nicht die Bedeutung eines Programmes, sondern es stellt vielmehr eine
Form von Selbsthilfe dar, um unter bestimmten Umständen aus dieser Gesellschaft ausbrechen zu können. Außer
ihrer Entschlossenheit oder Fähigkeit, sich nicht zu unterwerfen, haben die Banditen keine anderen Ideen als die
übrige Bauernschaft – oder jenes Teiles der Bauernschaft,
welchem sie selbst angehören. Banditen sind Aktivisten
und nicht etwa Ideologen oder Propheten, von denen man
sich neue Visionen oder Pläne für soziale und politische
Organisation erwarten kann. Führer sind sie insofern, als
man starke und selbstsichere Männer mit Charakterstärke
und militärischem Talent für solch eine Rolle braucht, doch
werden erst andere die neuen Wege entdecken, die dann
Banditen bahnen.

Mehrere süditalienische Brigantenführer der 1860er Jahre
erwiesen sich als geschickte Generäle – beispielsweise Crocco und Ninco Nanco* –, deren Talente die Offiziere der
Gegenseite bewundernd anerkannten, doch obwohl jene
»Jahre der Briganten« eines der seltenen Beispiele größerer
Bauernaufstände unter der Führung von Sozialbanditen
darstellten, scheinen die Brigantenführer während keiner

---

* Der Landarbeiter und Viehhirte Carmine Donatelli (»Crocco«)
schloß sich der Bourbonenarmee an, erschlug einen Kameraden im
Streit, desertierte und lebte zehn Jahre als Geächteter. 1860 schloß
er sich den Aufständischen an, da er auf Amnestie hoffte. Er wurde einer der gefürchtetsten Anführer auf seiten der Bourbonen.
Dann entkam er in den Kirchenstaat, doch lieferte ihn der Kirchenstaat an die italienische Regierung aus, die ihn zu lebenslänglichem
Kerker verurteilte, wo er dann viele Jahre später eine interessante
Autobiographie schrieb. Giuseppe Nicola Summa (»Ninco Nanco«),
ein Taglöhner und Gelegenheitsarbeiter aus Avigliano ohne eigenes
Land, war während der Garibaldibefreiung der 1860er Jahre aus
dem Gefängnis entkommen. Als Croccos Leutnant erwies er sich
als begabter Guerillaführer. Er wurde 1864 getötet.

Entwicklungsphase jener Ereignisse ihren Gefolgsleuten die Besetzung des Grundbesitzes nahegelegt zu haben, und manchmal schienen sie geradezu außerstande zu sein, sich Pläne für das, was man heute eine »Agrarreform« nennen würde, auch nur vorzustellen.

Sofern Banditen überhaupt ein »Programm« haben, geht es ihnen um die Verteidigung oder um die Wiederherstellung einer traditionellen Ordnung der Dinge, »so wie sie sein sollen«. (In traditionellen Gesellschaften heißt das, wie sie in einer wirklichen oder mythischen Vergangenheit »einmal waren«.) Sie machen begangenes Unrecht wieder gut, sie mildern oder rächen Ungerechtigkeiten und richten sich dabei nach einem weit allgemeineren Kriterium: dem Kriterium der gerechten und fairen Beziehungen zwischen den Menschen, insbesondere zwischen Armen und Reichen, Schwachen und Mächtigen. Dieses bescheidene Ziel läßt die Reichen dann weiterhin die Armen ausnützen (doch innerhalb der traditionell als »gerecht« angesehenen Grenzen) und die Mächtigen die Schwachen weiterhin unterdrücken (doch in gerechten und billigen Maßen und eingedenk sozialer und moralischer Verpflichtungen). Man verlangt nicht die Abschaffung der Herren, nicht einmal die Aufhebung ihrer Rechte über die Frauen ihrer Leibeigenen, doch fordert man sehr wohl, sie möchten sich gefälligst nicht der Verpflichtung entziehen, ihrem eigenen Bastard eine Erziehung zu geben *. Sozialbanditen sind in diesem Sinn Reformatoren und keine Revolutionäre.

Jedoch ist das Banditentum selbst – ob nun reformerisch oder revolutionär – keine soziale *Bewegung*. Es kann Surrogat dafür sein, z. B. wenn die Bauern in Ermangelung eigener positiverer Aktivitäten Männer wie Robin Hood als ihre Vorkämpfer bewundern. Das Banditentum kann sogar völliger Ersatz für eine Bewegung sein, dann z. B., wenn

---

* Ich entnehme dieses Argument einem Gespräch mit peruanischen Bauern.

es in irgendeinem starken und kampfbereiten Teil der Bauernschaft zur Institution wird und die Entwicklung anderer Kampfmittel tatsächlich verhindert. Ob solche Fälle vorkommen, ist noch nicht eindeutig festgestellt worden, aber es gibt Hinweise darauf. So war (noch im Jahre 1971) in Peru die Forderung der Bauern nach einer Landreform in den Gebieten Huanuco und Apurimac auffallend schwächer, obwohl dort die Probleme der Landwirtschaft keineswegs weniger akut sind. Doch bestand (und besteht) dort eine sehr tief wurzelnde Tradition des Viehdiebstahls und des Banditentums. Die Frage bedarf jedoch, wie so viele andere Aspekte des Banditentums, einer ernsthaften Untersuchung.*

Dieses zwar nicht gewaltlose, aber dennoch bescheidene soziale Ziel der Banditen – und der Bauernschaft, zu der sie gehören – mag durch zweierlei zu einer echten revolutionären Bewegung werden: Erstens, wenn die Banditen zum Symbol oder sogar zur Angriffsspitze und Vorhut einer Bewegung werden, die sich im Namen der traditionellen Ordnung gegen jene Kräfte zur Wehr setzt, die diese Ordnung auflösen und zerstören. Eine soziale Revolution ist um nichts weniger revolutionär, weil sie etwa im Zeichen dessen steht, was Außenstehende als »Reaktion« gegen den »Fortschritt« bezeichnen. Sowohl die Banditen des Königreiches Neapel als auch die Bauern, die sich gegen Jakobiner und Ausländer im Namen des Papstes, des Königs und des Heiligen Glaubens erhoben, waren Revolutionäre; Papst und König waren es nicht. (Ein ungewöhnlich klar denkender Brigantenführer der 1860er Jahre erklärte einem gefangenen Advokaten, der behauptete, er stünde gleichfalls auf seiten der Bourbonen: »Sie sind ein Gebildeter und ein Rechtsanwalt. Glauben Sie denn tatsäch-

* Dr. Mario Vasquez, Enrique Mayer und verschiedenen Beamten der Zone X der Agrarreform (Zentral-Peru) bin ich für einige wichtige Informationen sehr zu Dank verpflichtet.

lich, wir brechen uns für Franz II. Hals und Beine?«*[6]

Nicht um für die *Realität* des Bourbonenreiches zu kämpfen, hatte man sich erhoben (tatsächlich hatten sich viele dieser Aufständischen erst wenige Monate zuvor unter Garibaldi für den Zusammenbruch des Königreiches geschlagen), sondern um für das Ideal der »guten alten« Gesellschaft zu kämpfen, deren natürliche Symbole idealiter die »gute alte« Kirche und der »gute alte« König sind. Politisch tendieren die Banditen zum revolutionären Traditionalismus solcher Prägung.

Der zweite Grund, warum Banditen zu Revolutionären werden, wurzelt in der Bauerngesellschaft selber. Sogar jene, die Ausbeutung, Unterdrückung und Unterworfensein als die Norm eines Menschenlebens anerkennen, träumen von einer Welt, die anders wäre: einer Welt der Gleichheit, Brüderlichkeit und Freiheit, einer gänzlich *neuen* Welt ohne Übel. Meistens handelt es sich bloß um einen Traum, selten um mehr als um eine apokalyptische Erwartung, doch gibt es viele Gesellschaften, wo der Traum vom Millennium fortlebt. Da glaubt man, daß der Gerechte Herrscher eines Tages auftauchen wird oder – wie auf Java – daß eines Tages die Königin der Südsee landen möge und daß dann alles verändert und perfekt wäre. Zuweilen scheint die Apokalypse aber nachgerade greifbar nahe zu sein, nämlich dann, wenn die Gesamtstruktur der bestehenden Gesellschaft, deren Ende die Apokalypse sowohl symbolisiert als auch vorhersagt, tatsächlich im Zusammenbruch begriffen zu sein scheint und sich der zarte Hoffnungsschimmer in das Licht eines möglichen strahlenden Morgens verwandelt. In solchen Momenten werden die Banditen so wie jeder andere mitgerissen. Ist ihr Blut denn etwa anders als das

---

* Cipriano La Gala, ein ungebildeter »Krämer« aus Nola, den man 1855 wegen gewalttätigen Raubes verurteilt hatte und der 1860 aus dem Kerker entkam, war anerkanntermaßen kein typischer Bauernbrigant.

Blut ihres Volkes? Haben sie nicht auf ihre beschränkte Art und Weise bewiesen, daß ein Leben unter freiem Himmel jenen, die bereit sind, den Preis der Heimatlosigkeit, der Gefahr und eines beinahe sicheren Todes zu bezahlen, Freiheit, Gleichheit und Brüderlichkeit bringen kann? (Ein moderner Soziologe hat die brasilianischen *cangaçeiro*-Banden allen Ernstes mit einer »Art Bruderschaft oder weltlichen Sekte« verglichen, und Beobachter der Banden waren über die beispiellose Ehrlichkeit der persönlichen Beziehungen ihrer Mitglieder erstaunt und betroffen [7].) Erkennen die Banditen – bewußt oder unbewußt – denn nicht den Vorrang einer millenarischen oder revolutionären Bewegung vor der eigenen Aktivität an?

Die untergeordnete Gemeinsamkeit von Banditentum mit einer größeren Bauernrevolution, deren Vorläufer oftmals die Briganten sind, ist in der Tat ganz besonders bemerkenswert. Jene Gegend Andalusiens etwa, die man seit je mit »edlen« oder andersgearteten *bandoleros* in Zusammenhang zu bringen pflegte, wurde zu einem Gebiet, das ein oder zwei Dekaden nach deren Untergang wegen seines ländlichen Anarchismus berüchtigt wurde, und die klassische Heimat der *cangaçeiros,* der *sertão* im Nordosten Brasiliens, war zugleich auch eine Gegend, in der die messianischen Bauernführer, die *santos,* zu Hause gewesen sind. Es florierten hier Banditen und Heilige, doch waren letztere noch angesehener als die *cangaçeiros.* So heißt es in einer der zahlreichen Balladen, die von den Taten des großen Banditen Lampião handeln:

> *Er schwor Rache und Verheerung,*
> *Bezeugte in dieser Welt Verehrung*
> *Nur dem einen – Pater Cicero. [8]*

Und wie wir noch sehen werden, war es der Messias von Juazeiro, Pater Cicero, dem Lampião seine »offizielle« Beglaubigung vor der öffentlichen Meinung zu verdanken hatte. Historisch gehören Sozialbanditentum und Chiliasmus – die primitivsten Formen des Reformismus und der Revolution – eng zusammen. In den entscheidenden apokalyptischen Augenblicken mag dann nach Zeiten des Leidens und Wartens, in denen die Brigantenbanden stets größeren Zulauf erhalten, unvermerkt eine Verwandlung stattfinden. Auf Java verschmolzen die Banditen beispielsweise mit den mobil gewordenen Dorfbewohnern, welche Flur und Heim verlassen hatten und in hoffnungsvoller Begeisterung das Land durchstreiften; 1861 waren sie in Süditalien zu einer Bauernarmee angewachsen, und manch ein Bandit, wie etwa Crocco im Jahre 1860, gab sein Brigantentum auf, um zu einem Soldaten der Revolution zu werden.

Wenn das Banditentum derart in einer größeren Bewegung aufgeht, wird es Teil einer Kraft, welche die Gesellschaft zu verändern in der Lage ist und dies auch tut. Da jedoch der Horizont der Sozialbanditen kaum weniger beschränkt ist als der der Bauernschaft selbst, mag es durchaus möglich sein, daß ihre historischen Interventionsversuche nicht zum erwarteten Erfolg führen und vielleicht sogar genau das Gegenteil ihrer Hoffnung zeitigen. Das tut der Bedeutung des Banditentums als einer historischen Kraft aber keinen Abbruch. Wie viele große Sozialrevolutionäre vermochten denn tatsächlich die Folgen ihrer Bemühungen abzusehen?

2. Wer wird Bandit?

*»Außer den Schafhirten, den Kuhtreibern und den Hei-
ducken ist in Bulgarien keiner frei.«*

Panaiot Hitow

Banditentum bedeutet Freiheit, doch können in einer
bäuerlichen Gesellschaft nur wenige frei sein, während die
meisten an doppelte Ketten gefesselt sind, die sich gegenseitig noch verstärken: Herrschaft und Arbeit. Nicht so
sehr ihre wirtschaftliche Schwäche macht die Bauern zu
Opfern der Obrigkeitsgewalt und der Zwangsherrschaft –
tatsächlich sind sie ebensooft wirtschaftlich autark, wie sie
dies nicht sind –, sondern vielmehr ihre Unbeweglichkeit.
Verwurzelt mit ihrem Land und gebunden ans Gehöft,
sind sie so unbeweglich wie Bäume oder eigentlich wie
Seeanemonen oder irgendwelche anderen Wassertiere, die
nach einer kurzen Phase jugendlicher Beweglichkeit seßhaft
werden. Sobald ein Mann einmal verheiratet ist und auf
eigenem Grund und Boden lebt, ist er gebunden. Saat und
Ernte müssen auf den Feldern besorgt werden; um einzu-
bringen, was der Boden trägt, müssen die Bauern sogar
auf Rebellionen verzichten. Die Reparatur der Zäune darf
nicht allzulange hinausgeschoben werden. Weib und Kind
machen den Mann seßhaft. Lediglich eine Katastrophe, der
Anbruch des Millenniums oder der schwere Entschluß zur
Auswanderung können den festgelegten Rhythmus des
Landlebens durcheinanderbringen. Doch wird sich auch
einer, der auswandert, anderswo niederlassen und sich als
Pächter verdingen müssen, es sei denn, er hörte auf, Bauer
zu sein. Der Rücken des Bauern ist aus sozialen Gründen
krumm; die körperliche Arbeit auf dem Feld zwingt ihn
dazu, seinen Rücken zu beugen.
Der Rekrutierung von Banditen sind also wesentliche Grenzen gesetzt. Zwar ist deswegen nicht völlig ausgeschlos-

sen, daß ein erwachsener Bauer zum Banditen wird, doch wird es nicht zuletzt noch dadurch erschwert, daß der Jahreszyklus der Landwirtschaft der gleiche ist wie jener des Brigantentums: Höhepunkt der Aktivität im Frühjahr und in den Sommermonaten, relative Ruhe in den übrigen Jahreszeiten. (Allerdings sind Gemeinschaften, die einen Teil ihrer Erträge regelmäßig aus Überfällen beziehen, gezwungen, die Raubzüge mit der Feldarbeit oder mit ihrer Tätigkeit als Hirten zu kombinieren, weshalb sie denn in den toten Jahreszeiten als Banditen operieren, wie beispielsweise Tschuarenstämme in Midnapur [Bengalen] zu Anfang des 19. Jahrhunderts; anderswo schickt man spezielle Raubbanden aus, während zugleich noch genügend Arbeiter auf den Feldern zurückbleiben.) Zum Verständnis der sozialen Zusammensetzung des Banditentums müssen wir unsere Aufmerksamkeit daher vor allem den mobilen Randgruppen der Agrargesellschaft zuwenden.

Wo eine relativ geringe Nachfrage nach Arbeitskräften besteht oder wo die Bodenressourcen dermaßen kärglich sind, daß nicht alle arbeitsfähigen Männer Beschäftigung finden können, eröffnet sich die erste und vermutlich fündigste Quelle der Banditenrekrutierung; in jenen Landgebieten also, die übervölkert sind. Hirtenwirtschaft, gebirgiges Hochland und ein unfruchtbarer Boden sind – oftmals gemeinsam auftretende – Ursachen eines andauernden Bevölkerungsüberschusses, der zur Herausbildung eigener Ausbruchsformen führt, welche in traditionellen Gesellschaften institutionalisiert sind: Saisonabwanderung (wie aus den Alpen oder den Gebirgsmassiven der Kabylei in Algerien), Rekrutierung als Soldaten (wie in der Schweiz, Albanien, Korsika, Nepal) oder räuberische Streifzüge und Banditentum. »Minifundismus«, d. h. ein Überwiegen von Pächtereien, die zu klein sind, als daß sie für den Unterhalt einer ganzen Familie ausreichen könnten, kann auch zu diesen Ausbruchsformen führen; desgleichen – und aus noch einsichtigeren Ursachen – führt Landlosigkeit dazu. Im Gegen-

Dick Turpin »verbirgt sich in seiner Höhle in Epping Forest«.
Stich von J. Smith 1735.

Robin Hood's Golden Prize.

He met two Priests upon the way,
And forced them with him to Pray.
For Gold they pray'd, and Gold they had,
Enough to make bold *Robin* glad:
His share came to four hundred pound
That then was told upon the ground:
Now mark and you shall here the jest,
You never heard the like exprest.

Tune is, *Robin Hood was a tall young man.*

I Have heard talk of bold Robin Hood,
derry, derry down,
And of brave Little John,
Of Fryer Tuck, and William Scarlet,
Loxley, and Maid Marion,
hey down, derry, derry down,
But such a tale as this, before
I think there was never none,
For Robin Hood disguised himself,
and to the green wood is gone.
hey down, &c.

Like to a Fryer bold Robin Hood
derry, &c.
Was accoutred in his array,
With hood, gown, beads, and crucifix,
he past upon the way.
hey down, &c.

He had not gone miles two or three
derry, &c.
But it was his chance to spy
Two lusty Priests clad all in black
come riding gallantly.
hey down, &c.

Benedicite then said Robin Hood,
derry, &c.
Some pitty on me take,
Cross you my hand with a silver groat,
for our dear Ladies sake.
hey down, &c.

For I been wandring all this day,
derry, &c.
And nothing could I get,
Not so much as one poor cup of drink,
nor bit of bread to eat :
hey down, &c.

Now by our holy dame the Priests re-
derry, &c. (ply'd,
We never a penny have,
For we this morning have been rob'd,
and could no money save :
hey down, &c.

I am afraid, said Robin Hood,
derry, &c.
That you both do tell a lye,
And now before you do go hence
I am resolv'd to try.
hey down, &c.

When as the Priests heard him say so,
derry, derry, &c.
They rode away amain,
But Robin Hood betook him to his heels
and soon overtook them again.
hey down, &c.

Then Robin Hood laid hold on them both
derry, &c.
And pul'd them down from their horse,
O spare us fryer, the Priests cry'd out,
on us have some remorse.
hey down, derry, derry down.

Die Metamorphosen des *Robin Hood:*
1. Balladenblatt aus dem letzten Drittel des 17. Jahrhunderts.

ROBIN HOOD.

2. Darstellung um ca. 1700.

The Exploits of THE RENOWNED ROBIN HOOD the Sorrow of, FORE-STALLERS & ENGROSSERS and the Protector of the POOR & HELPLESS interspersed with variety of Songs & addorn'd with several curious Copper Plates.

LONDON:
Publish'd according to Act of Parliament Oct: the 20:1769, for H. Robert's, N° 3, 6: 11: 01: Hazel Alley almost opposite Grent Turn-stile Holborn Price Six Pence.

Robin Hood and his Mother entertain'd by Esq.! Gamwell at Gamwell Hall.

3. Volksbuch 1769. (Squire Gamwell »bewirtet Robin Hood und dessen Mutter in Gamwell Halle.)

4. Im Spiegel Hollywoods (Errol Flynn als Robin Hood).

E. A. KELLNER.

LONDON:
HOWARD & Cº 28, Gᵀ MARLBOROUGH Sᵀ

Unbill des Brigantenlebens im Hochland. *Monarch of the Glen* in beschönigter Form für die viktorianische Gesellschaft auf der Titelseite eines Notenblattes.

satz zur Bauernschaft ist das während des Großteils eines Jahres unbeschäftigte Landproletariat »mobilisierbar«. Von 328 »Briganten«, deren Fälle 1863 dem Appellationsgericht Catanzaro (Kalabrien) zur Revision vorlagen – eigentlich handelte es sich um bäuerliche Insurgenten und Guerrilleros –, bezeichnete man 201 als Taglöhner und Aushilfsknechte, nur 51 waren Bauern, vier Farmer und 24 Handwerker [9]. Daß unter solchen und ähnlichen Bedingungen viele Leute nicht bloß abkömmlich (zumindest für einige Zeit), sondern daß sie geradezu *gezwungen* sind, sich nach Einkommensquellen außerhalb der eigentlichen Landwirtschaft umzusehen, ist selbstverständlich. Nichts natürlicher, als daß einige von ihnen zu Banditen werden und daß Hirtengegenden und Berggebiete klassische Zonen solchen Außenseitertums sind.

Dennoch ist die Wahrscheinlichkeit, daß einer in solchen Gegenden zum Banditen wird, nicht für jeden gleich. Es gibt aber stets Gruppen, deren soziale Stellung die dafür nötige Handlungsfreiheit gewährt. Am wichtigsten ist da die Altersgruppe männlicher Jugendlicher zwischen Pubertät und Ehe, d. h. zu der Zeit, da das Gewicht aller Verantwortung für eine Familie ihre Rücken noch nicht beugt. (Ich habe gehört, daß in Ländern, wo einseitig eingebrachten Forderungen nach Ehescheidung bereitwillig stattgegeben wird, zwischen der Verstoßung der einen Ehefrau und neuerlicher Heirat eine solche Periode relativer Freiheit nochmals vorkommen kann, doch ist dies nur dann der Fall, wenn keine Kleinkinder da sind, die versorgt werden müssen, oder wenn sich Verwandte dieser Kinder annehmen; gleiches gilt denn auch für Witwer.) Sogar in einer Bauerngesellschaft bedeutet Jugend eine Phase der Unabhängigkeit und latenter Rebellion. In formellen oder in zufällig entstandenen Banden können die jungen Männer von Beschäftigung zu Beschäftigung ziehen und als Raufer und Landstreicher auftreten. Solche potentielle Briganten waren etwa die *szegény legények* – die »armen jungen

Gesellen« – der ungarischen Ebenen: einer allein war noch harmlos, obwohl er sich durchaus nicht scheuen mochte, mit einem oder zwei Pferden durchzugehen; traten sie einmal in Banden zu zwanzig bis dreißig auf und hatten sie erst ihr Hauptquartier an irgendwelchem verborgenen Ort, so fehlte zum Banditentum nur mehr wenig. Man hat sogar die Folgerung gezogen (Eberhard), die Grundlage des Banditentums in China sei vor allem auf die temporäre Dissidenz der Dorfjugend zurückzuführen. Wie immer dem sei, es besteht kein Zweifel, daß der typische Bandit ein junger Mann gewesen ist. Zwei Drittel der Banditen in der Basilikata nach 1860 waren jünger als 25 Jahre; 49 von 59 Banditen im peruanischen Lambayeque waren Junggesellen [10]; als Vierundzwanzigjähriger starb Diego Corrientes, der klassische Bandit Andalusiens, als Fünfundzwanzigjähriger kam sein slowakisches Gegenstück Juro Janošik um, Lampião, der große *Cangaçeiro* aus dem brasilianischen Nordosten, begann seine Laufbahn im Alter zwischen 17 und 20, der wirkliche Don José aus *Carmen* mit 18 Jahren. Schriftsteller sind oftmals sehr gute Beobachter: Der »Magere Mehmed«, Held eines türkischen Brigantenromanes, ging als noch nicht Zwanzigjähriger ins Gebirge des Taurus.

Die nächste bedeutende Rekrutierungsquelle Unabhängiger sind jene Gruppen von Männern, die aus irgendwelchen Gründen der Agrargesellschaft nicht integriert sind und die deshalb an den Rand der Gesellschaft oder in die Gesetzlosigkeit gedrängt werden. So bestanden etwa die Banden der *Rasbojniki,* die in den unwegsamen und dünnbesiedelten Gebieten des zaristischen Rußland üppig gediehen, aus solchen Randfiguren der Gesellschaft; oftmals waren es Auswanderer, die in die freien Gegenden im Süden und Osten des Landes zogen, wo es noch keine Herrschaft, keine staatliche Obrigkeit und auch keine Leibeigenschaft gab. Hier suchten sie die später mit revolutionärem Bewußtsein so genannte *Semlja i Wolja* (»Boden und Frei-

heit«). Manche drangen niemals so weit vor, und alle mußten auf dem Wege dorthin einen Lebensunterhalt finden.
Die entflohenen Leibeigenen und die ruinierten herunterge-
kommenen Freien, die Flüchtlinge aus Ämtern, Fabriken,
Seminaren, Gefängnissen, dem Heer oder der Marine sowie
jene, die keinen festen Platz in der Gesellschaft innehatten
wie beispielsweise die Söhne von Geistlichen, schlossen sich
den bereits bestehenden Banden an oder bildeten eigene
Formationen, welche wiederum mit anderen Gruppen ver-
schmelzen mochten, wie etwa den Kosaken, welche im ehemaligen Grenzgebiet freie Bauerngemeinden bildeten, oder
sie vereinigten sich mit nationalen Minderheiten und mino-
ritären Stämmen. (Über die Kosaken siehe Kapitel 5)
Unter den Außenseitern am Rande der Gesellschaft spielten
Soldaten, Deserteure und Abgerüstete eine wichtige Rolle.
Der Zar verpflichtete seine Soldaten auf Lebenszeit oder
zumindest für eine Periode, die dem gleichkam – die An-
verwandten der Rekrutierten nahmen denn auch an Toten-
messen teil, die man für die Ausziehenden las, welche am
Dorfende von den Ihren Abschied nahmen. Der Zar hatte
dafür seine guten Gründe: Heimkehrer aus der Ferne, die
weder Herr noch Land haben, gefährden die Sicherheit
der Sozialhierarchie. Wie die Deserteure sind die Abgerüsteten der natürliche Nachschub des Banditentums. Die
Brigantenführer Süditaliens nach 1860 beschrieb man immer wieder als »ehemalige Soldaten der Bourbonenarmee«
oder als »landlose Taglöhner, Abgerüstete«. Und in bestimmten Gegenden war dies eine ganz normale Verwandlung. Ein fortschrittlich denkender Bolivianer sah sich 1929
zur Frage veranlaßt, warum die ehemaligen Soldaten nicht
als Erzieher und als Boten der Zivilisation auftreten, wenn
sie in ihre Siedlungen unter den Aymaraindianern heim-
kehren, anstatt »sich in Landstreicher und Entartete zu
verwandeln, aus denen die Banditenführer der Gegend werden« [11]. Die Frage war berechtigt und dennoch rein
rhetorisch: es *können* zwar die ehemaligen Soldaten als

Lehrer, Erzieher und Kader eines Dorfes aktiv in Erscheinung treten, und von allen sozialrevolutionären Regimen werden die Armeen als Übungsschulen für derlei Zwecke benützt, aber stand dergleichen im feudalen Bolivien zu erwarten?

Außer den einstigen Soldaten gibt es nur wenige Männer, die sich – selbst wenn es nur für eine gewisse Zeit gilt – gänzlich außerhalb der Dorfwirtschaft befinden und dennoch weiter zur Bauerngesellschaft gehören (im Gegensatz zu Zigeunern und anderem »fahrenden Volk«). Nichtsdestoweniger finden sich in der Agrarwirtschaft zahlreiche Beschäftigungen außer der üblichen Schwerarbeitsroutine oder nicht unter dem unmittelbaren Bann sozialer Kontrolle seitens der Herrschenden oder seitens der öffentlichen Meinung der Beherrschten. Hier finden sich wieder die Hirten, welche sich allein oder mit anderen – als eine ganz spezielle und zuweilen geheime Gruppe – zur Zeit der Sommerweiden auf den hochgelegenen Triften aufhalten oder als Halbnomaden die weiten Ebenen durchziehen. Es gehören auch bewaffnete Feldwachen und Flurhüter dazu, die keine Feldarbeit leisten müssen, sowie die Treiber, die Fuhrleute, die Schmuggler, Balladensänger und andere. Man beobachtet sie nicht, vielmehr sind sie selbst die Beobachter. Und es ist in der Tat gar nicht selten, daß die Berge für diese Männer eine Welt der Gemeinsamkeit schaffen, in die weder Gutsbesitzer noch Pflüger eindringen und wo man über Gesehenes und Unternommenes nicht viel spricht. Hier begegnen die Schafhirten den Banditen, und sie erwägen, ob sie selbst unter die Banditen gehen sollten.

Wir haben die Ursprünge potentiellen Banditentums betrachtet, bei welchen es sich um Kollektive handelt, das heißt soziale Gruppen, deren Mitglieder wahrscheinlich eher als andere zu Banditen werden. Ihre große Bedeutung ist klar. So wird es etwa möglich, kurze annähernde Verallgemeinerungen festzustellen, die im Grunde nicht irreführen werden, und man könnte sagen: »Die typische Banditeneinheit in Hochlandgegenden wird höchstwahrscheinlich aus jungen Hirten, aus Taglöhnern ohne eigenes Land und aus ehemaligen Soldaten bestehen, während ihr wahrscheinlich weder Verheiratete mit Kindern noch Handwerker angehören werden.« Formeln wie diese beantworten die Frage nicht erschöpfend, doch bestimmen sie ein erstaunlich weites Feld der einschlägigen Problematik. Soweit wir beispielsweise von den süditalienischen Bandenführern der 1860er Jahre Beschreibungen ihrer Berufe kennen, haben sich unter 33 Leuten 28 »Schafhirten«, »Kuhhirten«, »ehemalige Soldaten«, »landlose Taglöhner«, »Feldwachen« oder auch Kombinationen dieser Berufe befunden [12]. Es gibt aber noch eine andere Klasse potentieller Banditen, die in mancher Hinsicht sogar die wichtigste ist. Man gehört ihr aus individuellen und spontanen Gründen an (obzwar sich diese Gruppe mit anderen decken mag). Zu dieser Klasse zählen Männer, die nicht gewillt sind, die unterwürfige und passive Untertanenrolle des Bauern zu spielen: die Hartnäckigen und Widerspenstigen, die individuellen Rebellen, Leute, die wollen, daß andere vor ihnen zittern.

In der herkömmlichen Agrargesellschaft mögen es nur wenige sein, doch gibt es stets welche, die sich angesichts einer Ungerechtigkeit, oder wenn man sie verfolgt, nicht demütig der Gewalt beugen und den sozial Überlegenen nachgeben, sondern ganz im Gegenteil den Weg des Widerstandes und der Gesetzlosigkeit gehen. Wir dürfen nicht vergessen: wenn die typische Laufbahn des »edlen« Räubers auch damit beginnt, daß einer sich gegen Taten der Unterdrücker zu Wehr setzt, so kommen doch auf einen, der aktiv Widerstand leistet, sehr viele, die Ungerechtigkeiten gegenüber passiv bleiben. Ein Pancho Villa, welcher die Ehre einer vergewaltigten Schwester rächt, ist in Gesellschaften, wo die Herren und deren Spießgesellen mit den Bauernmädchen machen können, was sie wollen, eine Ausnahme.

Es sind Männer, die sich erheben und kämpfen, weil sie ihr Recht durchsetzen wollen, und von jedem, der ihnen begegnet – die anderen Bauern eingeschlossen – verlangen, daß er es respektiere; dadurch maßen sie sich ganz automatisch eine soziale Rolle an, die sonst von »Höherstehenden« gespielt wird, welche so wie im klassischen Rangsystem des Mittelalters das Monopol der Wehrbarkeit innehaben. Es mag sein, daß sie als Kraftmeier auftreten, als Raufbolde, die ihr Kraftmeiertum durch Prahlen demonstrieren und es dadurch hervorkehren, daß sie Waffen tragen, oder Stöcke und Keulen, obwohl doch ein Bauer keine Waffen tragen darf. Oder sie ziehen sich auffallend und verwegen an, um durch Gehabe und Kleidung zu zeigen, wie stark sie sind. Im alten chinesischen Dorf trug der sogenannte »bloße Stock« – oftmals von Chinesen als »der Dorftyrann« übersetzt – den Zopf lose; dessen Enden waren um Kopf und Nacken geschlungen, die Schuhe standen bis zu den Fersen hinunter offen, die Beinkleider ebenso, damit jeder die teure Unterwäsche sehen konnte. Oftmals sagte man, so provoziere er die Behörden »aus purer Prahlerei« [13]. In der westlichen Welt finden sich ähnliche Symbole von Widerspenstigkeit in der Ausstaffierung der mexikanischen Treiber, der *vaqueros,* die sich zum klassischen Cowboy-Kostüm entwickelte, sowie in den ungefähr gleichartigen Moden der *gauchos* und *llaneros* in den Ebenen Südamerikas, in Ungarn bei den *betyárek* der Pußta, bei den *majos* und den *flamencos* in Spanien. Seinen vollendetsten Ausdruck hat dieser Symbolismus vielleicht in den mit Gold und Stahl besetzten Gewändern der *Heiducken* und *Klephten* im Balkan gefunden, wird doch in allen traditionsstarren und nur langsam sich verändernden Gesellschaften sogar die lockere und freie Gruppe der nonkonformistischen Armen formalisiert und an äußeren Zeichen erkenntlich. Die Ausstattung derer, die sich auf dem Lande stark machen, ist ein Kode, der besagt: »Der Mann ist nicht folgsam.«

Wer sich »Respekt verschaffen« möchte, wird nicht automatisch zum Banditen, zumindest wird er nicht zum Sozialrebellen. Vom typischen Los des Bauern befreit er sich etwa dadurch, daß er ein Flurwächter wird, ein Gefolgsmann des Herrn oder ein Soldat. (Das heißt, er wird zum offiziellen Banditen; davon gibt es vielerlei Arten.) Es mag auch der Weg der Selbsthilfe eingeschlagen werden: Man bildet eine Landbourgeoisie, wie beispielsweise auf Sizilien die *Mafiosi*. Vielleicht wird man auch einer jener *Outlaws,* von denen die Balladen handeln: Beschützer, Rächer, Helden. Das individuelle Empörertum dieser Rebellen ist sozial und politisch ohne Basis; unter normalen, nicht-revolutionären Umständen stellen sie nicht die Vorhut einer Massenrevolte dar, sondern viel eher ein Produkt der allgemeinen Lethargie der Armen sowie zugleich deren Gegenteil: sie sind die Ausnahme, die die allgemeine Regel bestätigt.

Wurden die Quellen, aus welchen das bäuerliche Banditentum seinen Nachschub bezieht, mit diesen Kategorien zwar gewissermaßen erschöpft, so dürfen wir dennoch nicht zwei Gruppen übergehen, die beide in Agrargegenden Sammelbecken der Gewalt sind und deren jede raubt und erpreßt. Es handelt sich um die »Raubritter« und um die Kriminellen, welche man zuweilen mit Recht, meistens allerdings fälschlich, dem bäuerlichen Banditentum zurechnet.

Es ist leicht einzusehen, daß verarmte Edelleute einen ständigen Nachschub an Raufbolden darstellen, sind doch die Waffen das Privileg ihres Standes und das Kämpfen sowohl ihr Beruf als auch die Grundlage ihres Wertsystems. Ein Großteil dieser Gewalttätigkeit wird in der Jagd, der Verteidigung der eigenen Ehre wie der der Familie in Duellen, Fehden und ähnlichem institutionalisiert oder von vorsichtigen Regierungen in politisch nützliche oder zumindest harmlose Wege wie Kriegsdienst oder Kolonialabenteuer gelenkt. Dumas' Musketiere waren die typischen Kinder einer Provinz, die mittellose Edelleute scharenweise hervorbrachte. Dafür war die Gascogne bekannt. Analog jenen lümmelhaften Rowdys, die von iberischen oder italienischen Großgrundbesitzern als Wachen angestellt wurden, nachdem sie einst Bauern und Hirten gewesen, waren die Musketiere akkreditierte Grobiane mit Stammbaum. Auch viele spanische Konquistadoren gehörten zu diesem Schlag. Es gibt allerdings Situationen, wo solche mittellosen Landedelleute wirklich zu Geächteten und zu Räubern werden (vgl. Kapitel 6). Der »Outlaw von Stand« wird in das Reich populärer Balladen und Mythen vermutlich am ehesten dann Eingang finden können, wenn er (a) entweder an die allgemeine Widerstandsbewegung einer archaischen Gesellschaft Anschluß finden kann, die sich gegen Außenstehende oder gegen fremde Eroberer auflehnt, oder (b) wenn die Tradition aktiver bäuerlicher Empörung gegen Ungerechtigkeiten der Feudalherren nur schwach entwickelt ist. Wo das klassenkämpferische Element besonders stark ausgeprägt ist, besteht die geringste Wahrscheinlichkeit, daß man sie in den populären Liedern besingen wird. In Ländern, wo »Edelleute« einen großen Teil der Gesamtbevölkerung ausmachen, stellen sie jedoch selber ein zahlreiches Publikum für Balladen und Romanzen, die von ihnen selbst handeln; etwa in Polen, Ungarn und Spanien, wo ihr Anteil an der Gesamtbevölkerung vielleicht zehn Prozent betrug*.

Zwischen der kriminellen Unterwelt in den Städten oder

---

* Zwei Faktoren erschweren die Klassifikation der Balladen und Banditenlieder. Erstens hat die »offizielle« Kultur die Tendenz einer gewissen sozialen Aufwertung der Briganten, um sie dadurch zu assimilieren; das heißt, man verwandelte zum Beispiel Robin Hood in einen Grafen (den Earl of Huntington), dem Unrecht geschehen sein soll. Zweitens besteht in den feudalen Typen der Agrargesellschaft unter allen freien Männern die Tendenz, den eigenen Status dem einzigen vertrauten »Freiheitsmodell« anzugleichen, das heißt dem des »Adels«. Darauf ist möglicherweise auch der Glaube zurückzuführen, daß man unbestrittene ungarische Bauern-Banditen, wie Rosza Sandor und Sóbry Jószi, für Adelige aus alter Familie hielt. Allerdings mag dafür auch die erstgenannte Tendenz verantwortlich sein.

den umherstreifenden Verbrechern einerseits, welche sich in den Lücken und Fugen der Agrargesellschaft zu halten vermochten, ohne selbst dazuzugehören, und den bäuerlichen Banditen andrerseits besteht ein sogar noch schrofferer Gegensatz. Verbrecher sind in traditionellen Gesellschaften beinahe *per definitionem* Außenseiter; Außenseiter, die ihre eigene Gesellschaft bilden, wenn sie nicht überhaupt eine Anti-Gesellschaft der »Krummen« aufbauen, welche die Gesellschaft der »Aufrechten« widerspiegelt. Gewöhnlich sprechen sie ihre eigene Spezialsprache (argot, cant, caló, Rotwelsch) und stehen in Beziehung zu anderen verachteten Gewerben und Gemeinden, wie etwa Zigeunern und Juden. Jene bereicherten die Sprache der spanischen und französischen Unterwelt, diese trugen zum Rotwelsch der Deutschen sogar noch mehr bei. (Die Mehrzahl bäuerlicher Banditen spricht kein Rotwelsch, sondern lediglich Versionen lokaler Bauerndialekte.) In ihrer Praxis und Ideologie sind sie Nonkonformisten. Oder praktisch und ideologisch vielmehr Anti-Konformisten, die eher auf der Seite des Teufels stehen als an der Seite Gottes*, oder falls sie religiös sind, stellen sie sich auf seiten der Häresie gegen die Orthodoxie. Im 17. Jahrhundert wurden in Deutschland von christlichen Verbrechern Bittschriften eingebracht, worin sie um die Erlaubnis ersuchten, man möge sie an den religiösen Zeremonien der Juden im Gefängnis teilnehmen lassen. Und vieles scheint darauf hinzudeuten, daß die deutschen Banden im 18. Jahrhundert eine Zufluchtsstätte für Libertiner, Antinomisten und andere Sektierer, wie etwa die verbliebenen Reste des mitteldeutschen Wiedertäufertums, gewesen sind. (In Schillers Drama »Die Räuber« findet sich ein Widerhall davon [14].) Die

* »Undenkbar wäre es gewesen, zumal im 16. Jahrhundert, wenn ein Räuber keinen Pakt mit dem Teufel geschlossen hätte; im Dogmensystem der Räuber stand der Teufel bis in jüngste Zeit an erster Stelle.« Dieser Ansicht war Avé-Lallemant, dessen vier Bände über »Das deutsche Gaunerthum« (1858–62) unschätzbar wertvolles Material zum Studium der vorindustriellen Unterwelt beibringen.

Bauernbanditen sind andrerseits in keiner Weise heterodox orientiert. Sie teilen das Wertsystem einfacher Bauern, einschließlich deren Frömmigkeit und deren Mißtrauen gegen »outgroups«. (So waren denn auch die meisten Sozialbanditen Mittel- und Osteuropas mit Ausnahme jener im Balkan antisemitisch eingestellt.)

Wo kriminelle Räuber in Banden durch das Land ziehen, wie etwa in Teilen Mitteleuropas während des 17. und 18. Jahrhunderts oder in Indien, sind sie daher von den Sozialbanditen – sowohl was die Zusammensetzung der Banden betrifft als auch auf Grund der Art ihrer Unternehmungen – meist deutlich zu unterscheiden. Mitglieder ihrer Formationen sind wahrscheinlich Leute, die »Verbrecherstämmen und Verbrecherkasten« angehören, oder Individuen, die aus Gruppen Ausgestoßener kommen. So waren die Mitglieder der Bande von Krefeld und Neuß der neunziger Jahre des 18. Jahrhunderts hauptsächlich Messerschleifer; desgleichen die Kumpane aus Keils Bande. Im Bereich von Waldeck in Hessen gab es eine Rotte, der meistens Trödler angehörten. Ungefähr die Hälfte der Mitglieder der Salembier-Bande, die zur gleichen Zeit Flandern (Pas-de-Calais) unsicher machte, waren Hausierer, Altwarenhändler, Jahrmarktsleute und ähnliches. Einer schreckenerregenden Bande in den Niederlanden, die aus mehreren Untereinheiten bestand, gehörten hauptsächlich Juden an. Oftmals war die Berufung zum Verbrechertum eine vererbte Neigung. So konnte die bayerische Räuberin Schattinger auf eine zweihundertjährige Familientradition zurückblicken; mehr als zwanzig Verwandte, darunter Vater und Schwester, waren im Gefängnis gewesen oder hingerichtet worden [15]. Wenn sich solche Kriminelle nicht um die Sympathien der Bauern bemühten, so ist das gar nicht überraschend, denn gleich allen anderen »Rechtschaffenen« waren doch die Bauern ihre Feinde, Opfer und Unterdrücker. So fehlte den kriminellen Banden die lokale Verwurzelung der Sozialbanditen, sie waren allerdings auch nicht an die Grenzen eines bestimmten Territoriums gebunden, die zu überschreiten für einen Sozialbanditen zumeist mit großen Risiken verbunden wäre. Sie gehörten hingegen einem weithin verzweigten Netz an, als welches sich die lose organisierte Unterwelt auch über halbe Kontinente erstrecken mochte, wovon die Städte – verhaßte und gefürchtete *terra incognita* der Bauernbanditen – gewiß nicht ausgeschlossen waren. Gebiete, wie sie von Sozialbanditen bewohnt werden, welche darin zumeist ihr ganzes Leben verbringen, bedeuten für Vagabunden, Kriminelle, Nomaden und ihresgleichen kaum mehr als eine Gegend, an der jedes Jahr eine bestimmte Anzahl von Jahrmärkten und Kirchtagen stattfindet, ein Landstrich, in den man gelegentlich mit Raubüberfällen einbricht; wenn es ein günstig gelegenes Territorium ist, beispielsweise in der Nähe verschiedener Grenzen und deshalb strategisch geeignet, wird dort vielleicht sogar ein Hauptquartier aufgeschlagen, von wo aus auf weiterreichende Unternehmungen gegangen werden kann.

Dennoch können aus einer Studie des Sozialbanditentums die kriminellen Räuber nicht einfach ausgeschlossen werden. Dafür gibt es Gründe. Erstens: Wo das Sozialbanditentum aus irgendwelchen Ursachen nicht gedeiht oder schon ausgestorben ist, kann es zur Idealisierung von kriminellen Räubern kommen: man stattet sie mit den für Robin Hood typischen Eigenschaften aus, insbesondere wenn die Opfer ihrer Überfälle hauptsächlich Leute sind, denen die Armen wenig Sympathie entgegenbringen, wie etwa Kaufleute oder reiche Reisende. So ersetzten bekannte Gestalten der Unterwelt, wie beispielsweise Dick Turpin, Cartouche und Schinderhannes im 18. Jahrhundert in England, Frankreich und Deutschland die wahren Robin Hoods, welche zu jener Zeit in diesen Ländern ausgestorben waren*.

* Dick Turpin 1705–39; Cartouche 1693–1721; Johannes Pückler (Schinderhannes) 1783–1803. Ein Kandidat, der zur Idealisierung mehr geeignet war, ist der andere Banditenheld Frankreichs im 18.

Zweitens stellen die gegen ihren eigenen Willen aus dem Bauerntum ausgeschlossenen Personen, wie etwa die Abgerüsteten, Deserteure und Marodeure, welche in Zeiten der Unordnung während oder nach Kriegen scharenweise auftraten, ein Bindeglied zwischen sozialem und antisozialem Banditentum dar. Paßten sie auch gut zu den Banden der Sozialrebellen, so schlossen sie sich dennoch mit derselben Leichtigkeit anderen Rotten an, denen sie dann manche Voraussetzungen und manche Wertvorstellung ihrer heimatlichen Umgebung mitteilten.

Drittens gab es in den längst etablierten und dauerhaften vorindustriellen Imperien zweierlei Arten Unterwelt, die sich seit langem ausgebildet hatten. Es gab da nämlich nicht bloß eine Unterwelt der Verstoßenen, sondern auch inoffizielle Allianzen gegenseitiger Verteidigung und gemeinsamer Opposition, wofür beispielsweise die großen und lang währenden Geheimgesellschaften des chinesischen Kaiserreiches oder Vietnams typisch gewesen sind oder Körperschaften wie die sizilianische Mafia. Man weiß nur wenig von solchen inoffiziellen politischen Systemen und geheimen Netzen, und man versteht sie auch nur schlecht, doch reichen ihre Ausläufer unter Umständen an alle jene heran, die sich außerhalb der offiziellen Machtstruktur befinden und gegen sie opponieren; sie umfassen also teils Sozialbanditen, teils die Außenseitergruppen. Beiden konnten sie Allianzen ermöglichen oder auch Mittel erschließen, um unter gewissen Umständen aus dem Banditentum einen Kern effektiver politischer Rebellion zu machen.

Wenn es indes auch nicht möglich ist, stets deutlich das Sozialbanditentum von anderen Banditentypen abzugrenzen, werden deshalb Darlegung und Untersuchung des So-

Jahrhundert gewesen: Robert Mandrin 1724–55, ein professioneller Schmuggler aus dem französisch-schweizerischen Grenzgebiet (niemand außer den Regierungen sah im Schmugglerberuf eine verbrecherische Tätigkeit), der sich zu einem Rachefeldzug verpflichtet hatte.

zialbanditentums als spezieller Form bäuerlicher Empörung nicht grundsätzlich beeinträchtigt. Das stellt den Hauptgegenstand dieses Buches dar.

3. Der »edle« Räuber

»Blaß war der Mond in jener Nacht, der Himmel voller Sternenlicht. Sie waren nicht viel mehr als drei Meilen gegangen, als sie der großen Schar von Wagen begegneten. Über den Karren die Paniere, auf welchen klar zu lesen stand: ›Korn der Rechtschaffenen und Lager der redlichen Räuber‹.«

(Aus dem Schui Hu Tschuan)

Verrucht: Ein Mensch, der ohne triftigen Grund Christen tötet.
(Aus einem Wort-Assoziations-Test, der dem berühmten kalabrischen Banditen Musolino vorgelegt worden war.)
(E. Morsello und S. De Sanctis, Biografia di un bandito: Giuseppe Musolino di fronte alla psichiatria ed alla sociologia. Milano o. J.)

Der »edle« Räuber Robin Hood ist einerseits der berühmteste und allgemein populärste Banditentypus, anderseits ist er es, der gewöhnlich mehr als jeder andere Balladen und Lieder als Held bevölkert. In der Praxis findet man ihn jedoch weit seltener. Dieses Mißverhältnis zwischen Sage und Faktum ist ebensowenig rätselhaft wie die Diskrepanz zwischen den Tatsachen mittelalterlichen Rittertums und den Träumen von der Ritterlichkeit. Was jeder Bandit der Agrargesellschaft sein sollte, das stellt Robin Hood dar, doch liegt es in der Natur der Dinge, daß nur wenige von ihnen über genügend Idealismus, Selbstlosigkeit oder soziales Bewußtsein verfügen, um ihre Rolle würdig spielen zu können, und vielleicht können sich dies nur die wenigsten leisten. Wenn einer aber dennoch jener Rolle entspricht – und man weiß von wahren Robin Hoods –, so erfreut er sich seiner Verehrung wie sie Helden oder gar Heiligen zukommt. Laut Volksmeinung ist Diego Corrientes (1157–81), der »edle« Räuber Andalusiens, Christus ähnlich gewesen; er wurde verraten, sonntags brachte man ihn nach Sevilla, und an einem Freitag im März wurde er gerichtet, obwohl er niemanden umgebracht hatte [16]. Gleich vielen Sozialrebellen ist der wahre Juro Janošik (1688–1713) ein Provinzieller gewesen; die Existenz solch eines Räubers in irgendeinem verlorenen Winkel der Karpaten würde wohl kaum die Aufmerksamkeit der Obrigkeit in der Hauptstadt erregen. Buchstäblich Hunderte von Liedern, die von ihm handeln, haben sich jedoch bis in die Gegenwart erhalten. Das Bedürfnis nach Helden und heroischen Beschützern ist aber so groß, daß man es sich angelegen sein läßt, unpassende Kandidaten einrücken zu lassen, wenn die wirklichen fehlen. In der Realität sind die meisten Robin Hoods keineswegs edel gewesen.

Deswegen mag man ebensogut mit dem »Image« des »edlen« Räubers beginnen, wodurch sowohl seine soziale Rolle als auch seine Beziehung zum gewöhnlichen Bauern abgegrenzt wird. Er spielt die Rolle des heroischen Beschützers, der Unrecht wiedergutmacht, der Gerechtigkeit und soziale Gleichberechtigung bringt. Seine Beziehung zu den Bauern zeichnet sich durch völlige Solidarität und Identität aus. Beides spiegelt das »Image« wider, welches sich in neun Punkten zusammenfassen läßt.

Erstens beginnt der »edle« Räuber seine Banditenkarriere nicht mit einem Verbrechen, sondern als das Opfer einer Ungerechtigkeit, oder weil ihn die Obrigkeit für eine Tat verfolgt, die zwar von den Behörden als verbrecherisch angesehen wird, nicht jedoch dem Brauchtum seines Volkes widerspricht.

Zweitens macht der »edle« Räuber »begangenes Unrecht wieder gut«.

Drittens »nimmt er von den Reichen, um die Armen zu beschenken«.

Viertens »tötet er nur zur Selbstverteidigung oder in berechtigter Rache«.

49

Fünftens kehrt er, falls er überlebt, als ehrenwerter Bürger und als Mitglied der Gemeinschaft wieder zu den Seinen zurück; eigentlich verläßt er die Gemeinschaft niemals wirklich.

Sechstens bringt ihm sein Volk Bewunderung, Hilfe und Unterstützung entgegen.

Siebtens ist sein Tod stets und ausschließlich die Folge eines Verrates, denn kein anständiges Mitglied der Gemeinde würde je der Obrigkeit gegen ihn beistehen.

Achtens ist er – zumindest theoretisch – unsichtbar und unverwundbar.

Neuntens ist er nicht ein Feind von König oder Kaiser, der ein Hort der Gerechtigkeit ist, sondern bloß Gegner des lokalen Junkertums, der Geistlichkeit oder sonstiger Unterdrücker.

In der Tat wird das Bild des »edlen« Räubers, sofern es nicht bloß Wunschbild ist, sondern eine Realität repräsentiert, von den Tatsachen weitgehend bestätigt. Gemäß der überwiegenden Mehrheit überlieferter Fälle beginnen die Sozialrebellen ihre Laufbahn mit einem Zwist, welcher gar nicht kriminell ist: ein Ehrenhandel oder eine Angelegenheit, wo sie nach eigener Ansicht und nach Meinung ihrer Nachbarn Opfer einer Ungerechtigkeit sind (wobei es sich vielleicht bloß um die automatische Konsequenz einer Auseinandersetzung handelt, in die einer der Armen und einer von jenen, die über Reichtum und Einfluß verfügen, verwickelt sind). Angelo Duca oder »Angiolillo« (1760–84), ein neapolitanischer Bandit aus dem 18. Jahrhundert, wurde zum Banditen, weil er mit einem Flurhüter des Herzogs von Martina über verirrtes Vieh in Streit geriet; Pancho Villa rächte in Mexiko die Ehre seiner Schwester und trat gegen einen Landbesitzer auf; Labarêda wurde in eine Fehde verwickelt, bei der es um die Familienehre ging, wie dies bei fast allen brasilianischen *cangaçeiros* der Fall war; Giuliano leistete als junger Schmuggler – ein Beruf, der in Berggegenden so ehrenhaft wie nur irgendein anderer ist – einem Zollbeamten Widerstand, weil er zu arm war, ihn zu bestechen. Und so weiter. Für einen Robin Hood ist es tatsächlich eine wesentliche Grundvoraussetzung, daß seine Laufbahn auf solche Art und Weise anfängt. Wäre er nämlich nach den moralischen Grundsätzen seiner Gemeinschaft ein *wirklicher* Verbrecher, wie könnte er noch auf deren uneingeschränkte Unterstützung hoffen?

Wer als Opfer einer Ungerechtigkeit beginnt, der ist von der Notwendigkeit durchdrungen, wenigstens *ein* Unrecht gutzumachen – und zwar das ihm selbst zugefügte. Daß echte Banditen oftmals jenen »wilden Gerechtigkeitsfanatismus« an den Tag legten, den Beobachter an José Maria »El Tempranillo« (1805–1833) bemerkten – er war das Original des Don José in *Carmen* und betätigte sich in den Bergen Andalusiens –, ist nur natürlich. Oftmals nimmt in den Legenden das Wiedergutmachen begangenen Unrechts die Gestalt buchstäblicher Güterübertragungen an. Jesse James (1847–82) soll einer armen Witwe angeblich 800 Dollar geliehen haben, damit sie bei einem Bankier ihre Schuld begleichen konnte, von dem sich Jesse James das Geld bei einem Überfall später zurückholte. Die Geschichte ist nach allem, was wir über die Brüder James wissen, allerdings unwahrscheinlich*. In besonders extremen Fällen, wie beispielsweise in Schillers Drama *Die Räuber,* gibt der »edle« Räuber sein eigenes Leben hin, damit einem Armen Gerechtigkeit widerfahre. Ebenso geschieht es auch im wirklichen Leben (oder war es bloß eine zeitgenössische Sage?), wenn Zelim Khan, der Robin Hood Daghestans zu Anfang des 20. Jahrhunderts, in die Enge getrieben, aus einer Felshöhle dem Anführer der Gegenseite durch einen Schafhirten die Nachricht überbringen läßt:

»Gehe zum Bezirkspräfekten und teile ihm mit, ich werde

* Von Mate Cosido, dem führenden Sozialrebellen des argentinischen Chaco in den 1930er Jahren, erzählt man sich dieselbe Geschichte.

mich ergeben, sobald er mir ein Telegramm zeigt, in dem der Zar erklärt, daß er alle Geldstrafen erlassen wird, die er Unschuldigen auferlegt hat; außerdem ist allen, die meinetwegen festgehalten oder verbannt sind, Freiheit und Pardon zuzusichern. Andernfalls werde ich diese Nacht allem und jedem zum Trotz aus dieser Höhle entkommen, und zwar noch vor Mitternacht; dies teile dem Fürsten Karawlow mit. Bis dahin warte ich auf seine Antwort.«

In der Praxis nimmt ungestüm geforderte Gerechtigkeit eher die Form von Rache und Vergeltung an, wie es auch bei Zelim Khan der Fall war, der an einen mohammedanischen Offizier, einen gewissen Donugajew, schrieb:

»Nehmen Sie zur Kenntnis, daß ich die Vertreter der Obrigkeit töten werde, weil sie mein armes Volk illegal nach Sibirien verbannt haben. Als der Distrikt Grosnij unter Oberst Popows Verwaltung stand, gab es einen Aufstand. Da glaubten Obrigkeit und Armee, sie müßten sich durch Massaker an einigen armen Unglücklichen Geltung verschaffen. Als ich davon erfuhr, rief ich meine Bande zusammen, und wir überfielen bei Kadi-Jurt einen Eisenbahnzug. Da tötete ich aus Rache Russen.« [17]

Welcher Art die tatsächliche Praxis auch sein mag, es ist nicht zu bezweifeln, daß Banditen als Vertreter der Gerechtigkeit, ja sogar als Wiederhersteller der Moral angesehen werden. Oftmals sind sie selbst dieser Überzeugung.

Eine vieldiskutierte Frage ist, ob ein Bandit die Reichen beraubt, um die Armen zu beschenken, wenngleich auf der Hand liegt, daß er es sich nicht leisten kann, die Armen der Gegend zu berauben, wenn er auf ihren Beistand gegen die Obrigkeit rechnen möchte. Es steht außer Zweifel, daß die »edlen« Banditen den Ruf genießen, den Reichtum neu zu verteilen.

»Das Banditentum in Lambayeque«, schreibt der Colonel der *Guardia Civil* Victor Zapata, »hat sich immer durch Ritterlichkeit, Tapferkeit, Geschicklichkeit und Selbstlosigkeit der Briganten ausgezeichnet. In den meisten Fällen reichten diese Eigenschaften – nicht Blutrünstigkeit und Grausamkeit – aus, um die Beute an Arme und Hungernde verteilen zu können, und zeigten auf diese Weise, daß ihnen Wohltätigkeit und Nächstenliebe nicht fremd waren und sich ihre Herzen nicht verhärtet hatten.« [18]

Die Unterscheidung zwischen Banditen dieses Rufes und jenen, die ihn nicht haben, wird von der örtlichen Bevölkerung einschließlich (wie die eben angeführte Stelle zeigt) der Polizei selbst ganz deutlich getroffen. Es besteht auch kein Zweifel daran, daß manche Banditen zuweilen die Armen beschenken, entweder in Form ganz individueller Wohltätigkeit oder genereller Großzügigkeit. Pancho Villa verteilte den Gewinn seines ersten großen Coups folgendermaßen: 5000 Pesos an seine Mutter, 4000 Pesos an die Familien von Verwandten, und

»für einen Mann namens Antonio Retana, der fast blind war und eine große, bedürftige Familie hatte, kaufte ich eine Schneiderei. Ich stellte einen Mann ein, der das Geschäft führen sollte, und gab ihm die gleiche Summe. Und so ging es weiter. Nach acht oder zehn Monaten war alles, was mir von den 50 000 Pesos verblieben war, durch die Hilfe für Bedürftige aufgezehrt.« [19]

Andrerseits scheint es Luis Pardo, der Robin Hood des peruanischen Banditentums, vorgezogen zu haben, bei Fiestas Silbergeld mit vollen Händen in die Menge zu werfen, z. B. in seiner Heimatstadt Chiquian, oder »Tücher, Seife, Kekse, Dosen mit Nahrungsmitteln, Kerzen usw.«, wie in Llaclla, die er in den Läden des Ortes gekauft hatte [20]. Viele Banditen mögen ihren Ruf als freigebige Gönner einfach dadurch erworben haben, daß sie für Dienste, Unterkunft und Verpflegung die ansässige Bevölkerung großzügig bezahlten. Das ist zumindest die Ansicht Esteban Montejos, eines unromantischen, bejahrten Kubaners, der nicht geneigt war, die Banditen seiner Jugendzeit mit Gefühlen zu bedenken [21]. Dennoch gibt selbst er zu, daß, »sobald die Banditen eine recht große

Summe Geld geraubt hatten, sie das Geld sogleich verteilten«.

Freigebigkeit und Mildtätigkeit sind für einen »guten« Mann von Macht und Reichtum in vorindustriellen Gesellschaften natürlich eine moralische Verpflichtung. Zuweilen – etwa unter den Dakaiten Indiens – ist dies formell institutionalisiert. Die berühmteste Räubergemeinschaft Nordindiens, die Badhaken, legten von 40 000 Rupien, welche sie bei einem Coup erbeutet hatten, 4500 beiseite, die für Götter und mildtätige Leistungen zu verwenden waren. Die Minas waren für Mildtätigkeit berühmt [22]. Daß es andrerseits keine Balladen gibt, die von den Banditen von Piura erzählen, welche kaum zahlungsfähig waren, erklären Erforscher des peruanischen Banditentums mit der Armut der Leute. Sie gestattete keine Verteilung der Beute an die Armen. Mit anderen Worten: die Reichen zu berauben und die Armen zu beschenken, ist eine bekannte und etablierte Sitte oder wenigstens eine ideale moralische Verpflichtung, die sowohl im Grün des Sherwood Forest als auch im Südwesten Amerikas zu Hause ist, wo Billy the Kid der Sage nach »den Mexikanern Gutes tat. Er war wie Robin Hood: er bestahl die Weißen und gab seine Beute den Mexikanern, die ihn deshalb ›in Ordnung‹ fanden.« [23]

Von Gewalttätigkeit nur mäßig Gebrauch zu machen, ist ein ebenso bedeutender Bestandteil des Robin-Hood-Bildes. »Er beraubt die Reichen, hilft den Armen und tötet niemanden«, hieß es von Andalusiens Diego Corrientes. Tsch'ao Kai, einer der Banditenführer des klassischen chinesischen Banditenromanes *Schui Hu Tschuan* stellt nach einem Überfall die Frage: »Wurde niemand getötet?« Als man ihm sagt, daß niemand verletzt wurde, ist Tsch'ao Kai sehr erfreut und erklärt: »Von heute an dürfen wir niemanden mehr verwunden.« [24] Der ehemalige Kosak Melnikow hat bei seinen Operationen in der Nähe von Orenburg »nur selten jemanden getötet«; die Briganten Kataloniens des 16. und 17. Jahrhunderts durften nur töten, wenn es um die Rettung der eigenen Ehre ging – so heißt es wenigstens in den Balladen; sogar von Jesse James und Billy the Kid verlangte die Sage, daß sie bloß in Notwehr oder für eine andere gerechte Sache töten. Solche Enthaltung von mutwilliger Gewalttätigkeit ist um so erstaunlicher, als Banditen oftmals in Gegenden tätig sind, wo ein jeder bewaffnet auftritt, wo Totschlag üblich ist und es jedenfalls die sicherste Maxime ist, erst nach dem Schießen irgendwelche Fragen zu stellen. Daß ein Zeitgenosse der Brüder James oder Billy the Kids, wenn er diese Banditen wirklich kannte, je ernstlich angenommen haben sollte, sie würden lange nachdenken, ehe sie einen niederschießen, der ihnen im Weg steht, kann wohl kaum als wahrscheinlich gelten.

Es ist daher höchst zweifelhaft, ob ein wirklicher Bandit jemals imstande war, konsequent der moralischen Forderung zu folgen. Ebenso unklar ist es auch, ob dies tatsächlich von ihm erwartet wurde. Es mögen die moralischen Imperative der bäuerlichen Gesellschaft zwar genau definiert sein, doch werden Menschen, die Armut und Hilflosigkeit gewöhnt sind, im allgemeinen nicht weniger genau die unter allen Umständen faktisch bindenden Gebote – beispielsweise der Polizei gegenüber zu schweigen – von anderen Forderungen unterscheiden, welche man aus zwingenden Gründen oder in Notsituationen übergehen darf*. Menschen, in deren Umgebung Tötung und Gewalt alltäglich vorkommen, sind trotzdem äußerst empfindlich für moralische Unterscheidungen, die einer friedlichen Gesellschaft entgehen. So gibt es begründeten, gerechtfertigten Totschlag und ungerechten, unnötigen, mutwilligen Mord; man unterscheidet zwischen ehrenhaften und schändlichen Taten. Dies gilt sowohl für das Urteil jener, die potentielle Opfer der bewaffneten Gewalttäter sind, für die friedliche,

---

* Dies wurde mit Nachdruck von Juan Martinez Alier hervorgehoben, wobei er sich auf eine Serie von Interviews stützte, die er mit andalusischen Landarbeitern 1964/65 geführt hatte. [25]

demütige Bauernschaft nämlich, als auch für die Kämpfer selbst, die einem Kodex grobschlächtiger Ritterlichkeit folgen, demzufolge nicht bloß die Tötung Unschuldiger verächtlich ist, sondern sogar »unfaire« Überfälle auf anerkannte, ausgesprochene Feinde; etwa auf die *lokale* Polizei, mit der ein Bandit sehr wohl durch gegenseitigen Respekt verbunden sein kann. (Ganz anders sind allerdings die für Außenstehende geltenden Regeln.)* Wie immer »gerechte« Tötung auch definiert sein mag, der »edle Bandit« muß zumindest versuchen, sich innerhalb ihres Rahmens zu bewegen, und ein wahrer Sozialrebell wird das wahrscheinlich auch tun. Wir werden später noch Gelegenheit finden, den Banditentyp kennenzulernen, für den diese Beschränkung nicht gilt.

Da der Sozialrebell kein Verbrecher ist, kann er sich ohne Schwierigkeiten seiner Gemeinschaft wieder als angesehenes Mitglied einfügen, sobald er kein Bandit mehr ist**. In dieser Frage geben die dokumentierenden Quellen einhellige Auskunft. Es mag in der Tat sogar vorkommen, daß ein Sozialrebell niemals wirklich aus seiner Gemeinschaft ausgetreten ist. In der Mehrzahl der Fälle ist er wahrscheinlich innerhalb der Gegend seines Dorfes oder seiner Anver-

---

* Jaschar Kemals Roman *Mehmed my Hawk* bringt mehrere gute Beispiele dafür. So warnt der Held des Romans den Ortspolizisten, der seine Zeit damit verbringt, Banditen zu verfolgen. Er legt ihm nahe, in Deckung zu gehen, als er ihn überrascht. Wenn dann Mehmed, vom Polizisten in die Enge getrieben, mit seinem Weib, dem Neugeborenen und noch einer zweiten Frau in einer Höhle Zuflucht sucht, macht er dem Wachtmeister den Vorschlag, er werde sich ergeben, um dadurch die anderen zu retten. Der Wachtmeister rückt vor, um den sich Ergebenden festzunehmen, doch wird er von einer der Frauen verhöhnt: »Da meinst du, ihn im fairen Kampf überwunden zu haben, doch gewinnst du bloß, weil er das Kind nicht sterben lassen kann.« Da solch ein Sieg glanzlos wäre, bringt es der Wachtmeister nicht über sich, den berühmten Banditen festzunehmen, und läßt ihn entkommen.
** Luis Borrego, Gefährte des berühmten ›El Tempranillo‹, wurde später sogar Bürgermeister von Benamejí – zugegebenermaßen eine Entscheidung, aus der kein traditionelles Vorurteil gegen Banditen spricht [26].

wandten tätig, von denen ihm sowohl aus Gründen familiärer Pflicht als auch aus Gemeinsinn Unterhalt gewährt wird, denn wäre er ohne ihre Nahrungsmittel nicht gezwungen, ein ganz gewöhnlicher Räuber zu werden? Ein Erforscher Bosniens zur Zeit der Habsburger hat diesen Punkt nicht weniger nachdrücklich hervorgehoben als ein korsischer Beamter der französischen Regierung in den 1880er Jahren: »Besser man ernährt sie, als daß sie stehlen müssen.« [27] In abgelegenen, schwer zugänglichen Gegenden, in die Vertreter der Obrigkeit nur gelegentlich einbrechen, mag der Bandit sogar mitten im Dorfe leben, solange kein warnendes Wort an ihn ergeht, daß die Polizisten im Anrücken sind; so ist es beispielsweise in den Einöden Siziliens oder Kalabriens. Im echten Hinterland, wo Gesetz und Herrschaftsgewalt nur ganz schwache Spuren hinterlassen, mag ein Bandit nicht nur geduldet und beschützt werden, sondern – wie gar nicht selten auf dem Balkan – selbst ein führendes Mitglied der Dorfgemeinde sein.

Betrachten wir den Fall eines gewissen Kota Christow von Roulia, der während der letzten Dekaden des 19. Jahrhunderts im tiefen Inneren Mazedoniens lebte. Er war der meistgefürchtete Bandenführer der Gegend und zugleich der anerkannt tonangebende Einwohner seines Dorfes, wo er ein Wirtshaus besaß, sein Geschäft führte und sich sonst mit allerlei befaßte. Zugunsten seines Dorfes widersetzte er sich den lokalen Grundbesitzern (meistens Albaner) und trotzte den türkischen Beamten, wenn sie kamen, um Nahrungsmittel für Soldaten und Gendarmen zu beschlagnahmen, mit welch letzteren er tagsüber zusammen war und die niemals den Versuch unternahmen, ihn zu stören. Nach einer jeden erfolgreichen Unternehmung fiel dieser gläubige Christ vor dem Schrein des orthodoxen Dreifaltigkeitsklosters auf die Knie, wenn bei einem Streifzug leichtfertig Christen getötet worden waren. Allerdings ist anzunehmen, daß er das Los andersgläubiger Albaner nicht beklagte*. Zweifellos war dieser Kota kein gewöhnlicher Räuber, und wenngleich er nach modernen ideologischen Maßstäben recht wetterwendisch gewesen ist – erst kämpfte er für die Türken, später für die »Innermazedonische Revolutionäre Organisation« und schließlich für die Griechen –, so war er doch ein Mann, der die Rechte »seiner« Leute gegen Willkür und Unterdrückung systematisch verteidigte. Er scheint überdies ganz klar zwischen statthaften und unverzeihlichen Angriffen unterschieden zu haben. Dies mag entweder auf ein Gerechtigkeitsgefühl hindeuten oder aber auf einen klaren Sinn für Lokalpolitik. Auf alle Fälle hat er zwei Mitglieder seiner Bande ausgeschlossen, da sie einen gewissen Abdin Bey umgebracht hatten, obwohl dieser selbst eine ganze Anzahl lokaler Tyrannen blutig beseitigt hatte. Der einzige Grund, warum solch ein Mann nicht einfach als Sozialbandit klassifiziert werden kann, ist die Tatsache, daß Kota Christow unter den politischen Umständen des türkischen Mazedonien – zumindest die meiste Zeit über – eigentlich gar kein geächteter Bandit war. Wo die Bande der Herrschaft und Macht lose waren, da wurde Robin Hood als Führer der Gemeinde anerkannt.

Daß der Volksheld nicht bloß nach lokalen Maßstäben ehrlich und achtbar sein sollte, sondern daß er ganz und gar bewundernswert sein soll, ist nur natürlich. Wie wir sahen, beharrt das »Image« vom Robin Hood auf moralisch positiven Taten, beispielsweise Beraubung der Reichen und Zurückhaltung beim Töten. Darüber hinaus werden aber auch die Standardattribute moralisch bewährter Bürger nachdrücklich gefordert. In Agrargesellschaften wird klar zwischen jenen Sozialbanditen unterschieden, denen solche Attribute mit Recht (oder wenigstens vermeintlich)

* Seltsamerweise wurde er zu einem Helden der Albaner, die ein eigenes Lied über ihn haben. Ich entnahm diese Informationen sämtlich aus Douglas Dakin *The Greek Struggle in Macedonia* (Saloniki 1966).

zugebilligt werden, und anderen Rebellen, denen sie nicht zukommen, obwohl es sich bisweilen um Banditen handelt, die berühmt und gefürchtet sind und die vielleicht sogar bewundert werden; tatsächlich hat man in einigen Sprachen für diese unterschiedlichen charakteristischen Räuberklassen eigene Ausdrücke. Es gibt zahlreiche Balladen, die damit enden, daß der berühmte Räuber seine Sünden auf dem Totenbett beichtet oder daß er seine Greueltaten büßen muß, wie etwa der Heiduckenwoiwode Indje; dreimal hat ihn die Erde ausgespieen, ehe er in seinem Grab Ruhe finden konnte, als man ihn zusammen mit einem toten Hund begrub [28]. Ein solches Schicksal ist dem »edlen« Räuber fremd, denn er ist ohne Sünde. Ganz im Gegenteil: für sein Heil werden vom Volk Gebete gesprochen. Für den großen Musolino beteten die Frauen von San Stefano in Aspromonte (Kalabrien) wie folgt [29]:

> *Ohne Schuld ist Musolino*
> *Zu Unrecht haben sie ihn verurteilt;*
> *O Madonna, gewähre ihm ewigen Schutz,*
> *Heiliger Josef, behüte ihn . . .*
> *O Jesus, o meine Madonna,*
> *Behütet ihn vor allem Leid;*
> *So laßt es sein*
> *Jetzt und in alle Ewigkeit.*

Denn ein »edler« Bandit ist *gut.* Um einen Fall zu erwähnen, wo Image und Realität nicht ganz übereinstimmen: Jesse James soll nicht nur vermieden haben, jemals Prediger, Witwen, Waisen oder Exkonföderierte zu berauben, sondern, wie man ihm nachsagt, habe er als frommer Baptist in einer kirchlichen Singschule unterrichtet. Die Kleinhäusler aus Missouri hätten in der Erfindung moralischer Bona fides kaum weiter gehen können.

Einem Mann solchen Schlages würde natürlich keiner die Unterstützung versagen, und nachdem niemand zu seinem

Oben: *Louis-Dominique
Cartouche,* der berühmteste
französische Gangster seiner
Zeit (Paris 1693?,
hingerichtet 1721) wurde
in der populären
Ikonographie und Literatur
gefeiert.

Rechts: Abenteuer, Verfolgung, Gefangennahme
und Einkerkerung des
Cartouche. Die Illustrationen
entsprechen der üblichen
Darstellungsweise
städtischen Verbrechertums.
Zeitgenössisches deutsches
Flugblatt.

Cartouche stielt eine Sack Uhr | Sein Camerad komm

Der wald ist mit Soldaten umbgebe | Laft in Paris Zettela

Johannes Bückler,
›Schinderhannes‹,
(1783–1803), Wege-
lagerer, der unter den
Bauern des Rhein-
landes den Ruf eines
Sozialbanditen erwarb,
bei der Beraubung
eines Juden.

Cartouche trinckt mit Schergen. Wird verfolgt v. auf ihn geschossen.

Ermordet seinen Cameraden. Wird gefangen genomen. Cartouche im Gefängnuß.

Hinrichtung des *Schinderhannes;*
man beachte die typische
traditionelle Pose der
›letzten Rede‹. Populäre
deutsche Biographie.

Die Räuber.

Ein Schauspiel.

Frankfurt und Leipzig,
1781.

Der Bandit in der klassischen Literatur: Titelseite der Erstausgabe
von Schillers »Die Räuber«.

frankreich räumt auf

Das Ende der Banditen auf Korsika

Vicentini, einer der berühmtesten korsikanischen Banditen, der fast zwei Jahrzehnte lang gefürchtet hat.

Santoni, der zweite Führer von Perfettini-Bande wurde zu lebenslänglicher Zwangsarbeit verurteilt

Sinne des Wortes einen Touristen überfallen könnte, zeugte von einer radikalen Wandlung der Lage. Die großen Banditen, die echten, hatten diese Berechtigung keine Schande, auch keinen Beruf, sondern eine geachtete soziale Stellung bedeutet hat, hatten einen Ueberfall auf mehrfahrende Fremde nur nach ganz langen Kämpfen. Einer der größten Figuren unter ihnen war der Bandit Bellacoscia, der ganze eine Banditendynastie, die zwanzig Jahre hindurch die Berge und Wälder beherrschte.

Romanetti, der letzte „König der Banditen", läßt sich photographieren. Der elegante junge Herr rechts ist sein Sohn.

In Stabien ist es gelungen, das zwar romantische, aber doch gefährliche Banditentum auszurotten. Um so aufgeregter ist die französische öffentliche Meinung darüber, daß Korsika vom Banditentum in viel größerem Maße als vor vielen Jahrzehnten unsicher gemacht wird.

Die Zeit der Heldentage der Banditen ist vorüber. Diese romantische Epoche schließt ungefähr zu jener Zeit, als es fast so weit war, daß die großen Reiseagenturen in ihren Ausflugsprogrammen einen Banditenüberfall in Aussicht stellten. Schon die Auffassung, daß ein Bandit im

Giuseppe, ein berufsmäßiger Hehler und Organisator verbrecherischer Ueberfälle, bekam 10 Jahre Zwangsarbeit.

Berge und Schluchten auf Korsika. Die typische Zufluchtsstätte der Banditen

Modernes korsisches Banditentum: *N. Romanetti* aus Vizzanova (1884–1926), führender Bandit der Insel. Der Nachfolger Bellacoscias wurde im Kampf getötet. Neben Romanetti sein eleganter Sohn. *Rechts oben: Vicentini* mit traditioneller Mütze.

Schaden dem Gesetz Beistand leisten möchte, wäre er in der ihm bestens bekannten Gegend für die schwerfälligen Soldaten und Gendarmen im Prinzip unauffindbar, denn bloß Verrat könnte zu seiner Gefangennahme führen. So heißt es denn in der spanischen Ballade [30]:

> *Zweitausend Silbereskudos*
> *setzten sie für seinen Kopf.*
> *Viele möchten den Preis,*
> *doch niemand konnt' ihn gewinnen.*
> *Nur ein Gefährte, er konnt's.*

Durch Verrat kommen die Banditen nicht nur in Liedern, sondern auch in Wirklichkeit um, mag die Polizei das Kopfgeld auch für sich beanspruchen, wie etwa im Falle Giulianos. (Es gibt dafür sogar ein korsisches Sprichwort: »Umgebracht nach dem Tod wie ein Bandit von der Polizei.«) Von den Zeiten Robin Hoods bis in unsere Tage bevölkern verabscheute Verräter die Balladen und Sagen: Jesse James wurde das Opfer Robert Fords, Billy the Kid wurde durch Pat Garrett verraten, und von Jim Murphy, dem Judas des Sam Bass, hieß es:

> *Freu dich, Jim!*
> *Wenn am Jüngsten Tag die Trompeten erschallen,*
> *Dann wirst du mit deinem Schandmal zahlen.*

Urkundlich belegte Geschichten vom Tod der Banditen lauten aber folgendermaßen: Oleksa Dovbuš, der Karpatenbandit des 18. Jahrhunderts, wurde nicht von seiner Geliebten Erzika verraten, wie dies im Lied behauptet wird, sondern ein Bauer namens Stepan Dzvinka, dem er einst geholfen hatte, erschoß ihn hinterrücks. Verraten wurden Salvatore Giuliano, Angiolillo und Diego Corrientes. Wie anders konnten solche Männer sterben? Waren sie nicht unsichtbar und unverwundbar? Von echten

»Volksbanditen« nimmt man dies stets an, wodurch sie sich wahrscheinlich von anderen Desperados unterscheiden. In diesem Glauben spiegelt sich die Identifizierung der Banditen mit der Bauernschaft. Bis zur Unkenntlichkeit verkleidet oder im Gewand der unscheinbaren Einheimischen gehen diese Banditen durch das Land, und solange sie sich nicht von selbst offenbaren, bleiben sie von den Truppen der Obrigkeit unerkannt. Da sie keiner verrät und weil sie sich durch nichts von den einfachen Leuten unterscheiden, sind sie *so gut wie* unsichtbar. Dieser Beziehung geben die Anekdoten bloß symbolischen Ausdruck. Um ein einigermaßen komplexeres Phänomen scheint es sich bei ihrer Unverwundbarkeit zu handeln. Auch hier spiegelt sich bis zu einem gewissen Grade jene Sicherheit wider, die Banditen inmitten ihres eigenen Volkes und auf eigenem Boden genießen. Andrerseits drückt sich darin aber auch der Wunsch aus, daß man den Helden des Volkes nicht besiegen kann. Solche Wünsche sind es auch, welche die immerwährenden Mythen vom guten König – und vom guten Banditen – schaffen, an dessen Tod man nicht glaubt, sondern man nimmt an, er würde eines Tages wiederkommen und dann von neuem die Gerechtigkeit herstellen. Die Weigerung, an den Tod des Banditen zu glauben, ist ein Kriterium für seinen Adel. Sergente Romano wurde demnach nicht wirklich getötet, man kann ihn noch immer einsam und geheimnisvoll die Landschaft durchstreifen sehen; Pernales – einer von mehreren Banditen Andalusiens, von denen man solche Geschichten erzählt – ist »eigentlich« nach Mexiko entkommen, und Jesse James hat sich nach Kalifornien retten können. Denn die Niederlage und der Tod eines Banditen bedeuten die Niederlage seines Volkes, und was noch ärger ist, auch das Ende der Hoffnung. Die Menschen vermögen es, ohne Gerechtigkeit zu leben, und im allgemeinen werden sie dazu gezwungen, doch können sie nicht ohne Hoffnung leben. Die Unverwundbarkeit der Banditen ist aber nicht allein symbolisch zu verstehen. Beinahe immer ist sie auf eine Magie zurückzuführen, die das Wohlwollen der göttlichen Wesen widerspiegelt, welche sich für die Angelegenheiten des Banditen interessieren. Die Banditen Süditaliens trugen Amulette, die von Papst oder König geweiht worden waren, und sie wähnten, unter dem Schutz der Heiligen Jungfrau zu stehen; im Süden Perus wandten sich Banditen an die Madonna von Luren, im nordöstlichen Brasilien an lokale »heilige« Männer. Wo das Banditentum institutionalisierten Formen gehorcht, wie etwa im Süden und im Südosten Asiens, ist das magische Element sogar noch stärker entwickelt und in seiner Bedeutung vielleicht deutlicher erkennbar. So ist die traditionelle »Rampok«-Bande Javas eigentlich eine »Gruppenbildung magisch-mystischen Charakters«, deren Mitglieder unter anderem durch das sogenannte *ilmoe* zusammengehalten werden. Darunter ist ein magischer Bann zu verstehen – Wort, Amulett, Formelspruch, bisweilen auch lediglich eine persönliche Überzeugung –, den man durch geistige Übungen, Meditationen und ähnliches erringt, durch Kauf oder als Geschenk erwirbt; bisweilen erhält man ihn sogar bei der Geburt, wonach man dann ein Berufener ist. Das *ilmoe* macht den Räuber unsichtbar und unverwundbar, es lähmt die Opfer oder schläfert sie ein, und es ermöglicht den Banditen, Tag, Ort und Stunde ihrer Unternehmungen auf Grund übermenschlicher Ahnungen festzulegen. Zugleich verbietet es ihnen aber auch, die göttlich geweissagten Absichten nachträglich zu ändern. An der indonesischen Banditenmagie ist bemerkenswert, daß sie unter gewissen Umständen verallgemeinert werden kann. In Zeiten großer chiliastischer Erregung, wenn die Massen erwartungsvoll begeistert sind, halten sie sich auch für magisch unverwundbar. Magie kann demnach eine ideelle Legitimierung der Banditenaktivität, eine Führungsrolle innerhalb der Gruppe, eine treibende Kraft der guten Sache bedeuten. Vielleicht ist sie auch als zweifache Sicherheitsgarantie zu betrachten, nämlich einerseits als Ergänzung der menschlichen Geschicklichkeit und anderseits als Erklärung menschlichen Versagens*. Hat man nämlich die Omina nicht richtig verstanden oder irgendwelche magische Bedingungen nicht erfüllt, so bedeutet deswegen die Niederlage des Helden nicht, daß das von ihm vertretene Ideal besiegt ist. Die Armen und Schwachen wissen leider nur zu gut, daß ihre Helden und Schützer nicht wirklich unverwundbar sind; mag ihr Heiland auch wiederkehren, er wird neuerlich besiegt und getötet werden.

Nachdem der »edle« Räuber ein Gerechter ist, kann es zwischen ihm und dem – göttlichen oder irdischen – Hort der Gerechtigkeit keinen echten Konflikt geben. Zahlreiche Versionen der Geschichte von Konflikt und Versöhnung zwischen Bandit und König sind bekannt; allein im Robin-Hood-Zyklus sind mehrere enthalten. Auf Betreiben böser Ratgeber, wie etwa des Sheriffs von Nottingham, verfolgt der König den edlen Banditen, es kommt zum Kampf, doch kann der König nicht siegen. Sie treffen sich, und dem König bleiben die Tugenden des Banditen nicht verborgen. Daraufhin wird diesem gestattet, seine guten Taten fortzusetzen; ja, vielleicht wird er sogar in königliche Dienste aufgenommen**. Die symbolische Bedeutung solcher Anekdoten ist eindeutig, we-

---

* Nur bei solchen indonesischen Banditenführern ist die Magie stark wirksam, die den Beweis erbringen, daß sie wirklich imstande sind, eine Bande zu führen. Die Aheridscha-Dakaiten des Uttar Pradesch erkundeten vor ihren Unternehmungen die Omina, was von sehr tapferen Jemadaren (Führern) jedoch verschmäht werden konnte [31]. Wie so oft, wird der Sachverhalt in einem Lampião-Lied klar ausgedrückt: dem großen Banditen wurde von Meister Macumba ein ganz besonders starker Unverwundbarkeitszauber erteilt, ein *feiticeiro* mit afrikanischer Magie. Der Zauberer sagte dem Banditen, daß er gegen Messer und Gewehr nur dann gefeit sei, wenn er im Notfall »St. Beine«, »St. Wachsamkeit«, »St. Gewehr«, »St. Vorsicht« etc. anriefe.
** Der historisch authentische Robin Hood wurde von Historikern sogar in Königlichen Entlohnungslisten gesucht.

niger klar ist hingegen ihr Wahrheitsgehalt, denn selbst wenn solche Episoden nicht historischen Tatsachen entsprechen, könnten sie dennoch auf Erfahrungen beruhen, die sie Menschen plausibel machen, welche in von Briganten heimgesuchten Gegenden hausen. Wo die staatliche Obrigkeit wirkungslos, schwach und sehr weit entfernt gelegen ist, da wird sie tatsächlich versuchen, mit jeder lokalen Machtgruppe, deren Unterwerfung nicht gelingt, zu einer Einigung zu gelangen. Haben Räuber hinlängliche Erfolge, dann müssen sie gleich jedem anderen Zentrum bewaffneter Macht beschwichtigt und gewonnen werden. Wer in Zeiten lebt, in denen das Banditentum unkontrollierbar geworden ist, der weiß, daß die Beamten der Regierung mit den Anführern der Räuber kooperative Beziehungen herzustellen haben, wie ja auch einem jeden Einwohner New Yorks bekannt ist, daß die Polizei Verbindungen zur Unterwelt aufrechterhält (siehe Seite 127). Daß berühmte Banditen begnadigt und in königliche Dienste genommen werden, ist weder unglaublich noch beispiellos (ein solcher Fall ist z. B. El Tempranillo, Andalusiens Don José, gewesen). Es ist auch nicht unglaubhaft, daß sich Robin Hoods, deren Ideologie ganz die gleiche wie die ihrer Bauernschaft ist, selbst für »loyal und rechtschaffen« halten. Eine Schwierigkeit besteht indes in der Tatsache, daß es immer unwahrscheinlicher wird, die Obrigkeit würde einen Banditen liebevoll in die Arme schließen, je mehr er sich dem Volksideal vom »edlen« Räuber nähert, das heißt, je mehr er zum sozial bewußten Verfechter der Rechte der Armen wird. In diesem Fall wird er wohl eher als Sozialrevolutionär behandelt werden und der Verfolgung ausgesetzt sein.

Gewöhnlich wird solch eine Verfolgung kaum länger als zwei oder drei Jahre dauern; falls ein Robin Hood nicht in einer sehr weit abgelegenen Gegend tätig ist und (beziehungsweise oder) sich nicht eines beträchtlichen politischen Schutzes erfreut, währt seine Laufbahn im Durch-

schnitt kaum länger*. Wenn die Obrigkeit genügend fremde Truppen in die Gegend bringt (nicht so sehr, um dadurch die Banditen abzuschrecken, sondern vielmehr um
der Bauernschaft, die ihn unterstützt, das Leben unerträglich zu machen) und falls das ausgesetzte Kopfgeld genügend hoch ist, dann sind seine Tage gezählt. Nur eine
modern organisierte Guerilla kann unter derlei Verhältnissen Widerstand leisten. Davon sind die Robin Hoods
allerdings weit entfernt, teils weil sie als Führer kleiner
Banden operieren, die außerhalb ihrer Heimatgegend hilflos werden, teils weil ihre Organisation und Ideologie allzu
archaisch sind.

Der wahre Robin Hood sympathisiert zwar mit den revolutionären Bestrebungen »seines« Volkes, und er schließt
sich auch einer Revolution an, sofern dies möglich ist, doch
ist er kein Revolutionär, weder ein sozialer noch irgendein anderer. In einem späteren Kapitel werden wir auf
diesen Aspekt des Banditentums eingehen. Seine Ziele sind
vergleichsweise bescheiden. Der Robin Hood protestiert
nicht gegen die Tatsache, daß Bauern arm und unterdrückt
sind, sondern er sucht vielmehr Gerechtigkeit zu etablie-
ren oder zu restaurieren, er will die »alte Lebensweise«,
das heißt, es soll in einer Gesellschaft der Unterdrückung
fair zugehen. Robin Hood ist nicht um eine Gesellschaft
der Freiheit und Gleichheit bemüht, sondern möchte begangenes Unrecht wiedergutmachen. In den Geschichten über
ihn werden nur bescheidene Erfolge kolportiert und keine
Triumphe: die Farm einer Witwe gerettet, einen Provinz-
potentaten getötet, einen Gefangenen befreit, einen un-
schuldig Getöteten gerächt. Bestenfalls – und höchst
selten – wird er, gleich Vardarelli in Apulien, Guts-
verwalter zwingen, daß sie an ihre Landarbeiter Brot

* Janosik hielt sich zwei Jahre, Diego Corrientes drei, Musolino
zwei, die meisten süditalienischen Briganten der 1860er Jahre nicht
länger als zwei, Giuliano (1922–50) hingegen sieben Jahre, bis er
das Wohlwollen der Mafia verlor.

verteilen und den Armen Nachernten einräumen, oder er wird ihnen steuerfreie Salzverteilung abtrotzen. (Das ist ein bedeutender Erfolg, auf diese Weise kamen professionelle Schmuggler wie etwa Mandrin, der Held des französischen Banditenmythos im 18. Jahrhundert, leicht zum Nimbus eines Robin Hoods.)

Ein einfacher Robin Hood wird wohl kaum mehr ausrichten. Wir werden allerdings noch sehen, daß es Gesellschaften gibt, in denen nicht bloß ein gelegentlicher Held mit einigen Leuten – sechs bis zwanzig Männer – das Banditentum repräsentiert, sondern wo es eine dauernd etablierte Institution darstellt. Das revolutionäre Potential der Räuber ist in solchen Ländern um vieles ansehnlicher (siehe Kapitel 5). Der traditionelle »edle« Räuber stellt eine besondere Primitivform sozialen Protests dar, vielleicht sogar die primitivste. Er ist nichts anderes als ein Individuum, das sich weigert, seinen Rücken zur Verbeugung zu zwingen. Unter anderen als revolutionären Bedingungen werden die meisten Männer seines Schlages früher oder später versucht sein, den einfachsten Weg zu gehen und sich in einen gewöhnlichen Räuber zu verwandeln, der sowohl Arme wie Reiche beraubt (vielleicht mit Ausnahme seines Heimatdorfes), zu einem Gefolgsmann der Machthaber zu werden oder sich einem Trupp Schwerbewaffneter anzuschließen, der mit den offiziellen Mächten Verträge eingeht. Deshalb ist die Bürde jener wenigen, die keinen dieser Wege einschlagen oder von denen angenommen wird, daß sie nicht korrumpiert wurden, so schwer und so schmerzlich zu tragen: Es ist die Last der Bewunderung und der erwartungsvollen Sehnsüchte. Unterdrückung können die Robin Hoods nicht abschaffen, doch erbringen sie den Beweis, daß Gerechtigkeit möglich ist und daß die Armen nicht demütig, hilflos und sanft zu sein brauchen*.

* Daß die Anführer legendärer Banden oftmals als körperlich schwach oder in anderer Hinsicht als von Natur aus benachteiligt

Deshalb ist Robin Hood unsterblich, und wo es ihn nicht gibt, da erfindet man ihn. Die Armen brauchen ihn, weil er die Gerechtigkeit verkörpert, ohne die Königreiche zu bloßen Raubstaaten würden, wie der heilige Augustinus schon bemerkt hat. Wo keine Hoffnung besteht, das Joch der Unterdrückung abschütteln zu können, sondern lediglich gewisse Linderung der Bedrückung gesucht wird, da brauchen sie ihn vielleicht am dringendsten. Selbst wenn sie teilweise ein Gesetz anerkennen, das ihn verurteilt, bedeutet er dennoch eine höhere Form von Gesellschaft, eine Gesellschaft ohne Herrschaft; da repräsentiert der Brigant die göttliche Gerechtigkeit:

Zwar lebte ich gottlos,
Doch habe ich die Bibel befolgt.
Sah ich die Nackten und Bloßen,
So nährte und kleidete ich sie;
Das Tuch eines hochgemuten Winters brachte ich ihnen,
Bisweilen war's der Purpur eines Sommerlandes.
Meine Hände gaben Kleidung und Nahrung den Be-
dürftigen,
Meine Arme vertrieben die Besitzenden. [32]

dargestellt werden, daß sie also keineswegs für die Stärksten ihrer Gruppe gehalten werden, ist sehr bezeichnend. ›Denn der Herr wollte durch sein Vorbild beweisen, daß jeder von uns, jeder, der furchtsam, demütig und arm ist, große Taten vollbringen kann, wenn Gott es will.‹ (Olbracht, *Nikola Schuhaj*, S. 100.)

4. Die Rächer

Selbst Gott wäre geneigt,
Die Erschaffung der Menschen
Zu bereuen, sind sie doch ein Geschlecht
Des Unrechts, Jammers und der Eitelkeit.
Der Mensch indes, wie fromm er sei,
Er muß die allerhöchste Majestät
Für grausam halten.

»Lampeão, König der Banditen« von Antonio Teodoro dos Santos, O poeta Garimpeiro; Volksbuch, São Paulo 1959.

»Ah, meine Herrschaften, wenn ich mich aufs Lesen und Schreiben verstanden hätte, das ganze Menschengeschlecht hätte ich ausgerottet.«
Michele Caruso, Schafhirt und Bandit, den man 1863 in Benevento gefangennahm.

Mäßigung beim Töten und die Zurückhaltung, Gewalttaten zu verüben, bestimmen das Bild vom Sozialbanditen. Genausowenig wie wir sonst von einem gewöhnlichen Bürger annehmen, daß er stets den von ihm akzeptierten Maßstäben entspricht oder ganz den in ihn gesetzten Erwartungen gehorcht, können wir dies bei der Gruppe der Sozialrebellen vermuten. Und dennoch ist es im ersten Moment befremdend, wenn wir auf Banditen stoßen, die Terror und Grausamkeiten derart maßlos verüben, daß man sie nicht einfach als Rückfall erklären kann, sondern daß gerade sie für das Bild dieser Briganten in der Öffentlichkeit bestimmend sind. Nicht trotz aller Angst und Abscheu, welche durch ihre Taten erregt werden, sondern gewissermaßen gerade weil sie solche Taten begehen, werden diese Banditen als Helden angesehen. Sie sind nicht so sehr Männer, die verübtes Unrecht gutmachen wollen, sondern sie sind Rächer und Machtvollstrecker. Sie finden nicht als Agenten der Gerechtigkeit Anklang, sondern als Männer, die beweisen, daß auch Schwache und Arme Schrecken zu verbreiten vermögen.

Ob wir solche Ungeheuer als eine spezielle Abart des Sozialbanditentums anzusehen haben, ist nicht leicht zu sagen. Ihre moralische Welt – das heißt jene, die in Liedern, Gedichten und Volksbüchern Ausdruck findet – enthält teils die Werte des »edlen Räubers«, teils die des Ungeheuers. So schrieb ein Dichter des brasilianischen Urwaldes über den großen Lampião:

> *Mörder aus purer Lust,*
> *Tötete er zum Spaß.*
> *Und stillte der Armen Not*
> *Mit Sanftmut, Milde und Brot.*

Es gibt *cangaçeiros* im brasilianischen Nordosten, an die man sich hauptsächlich wegen ihrer guten Taten erinnert (beispielsweise der große Antonio Silvino, 1875–1944, der seine Glanzzeit als Banditenführer zwischen 1896 und 1914 hatte), während man anderer hauptsächlich wegen ihrer Grausamkeit gedenkt (beispielsweise Rio Preto). Allgemein gesprochen sind im »Image« des *cangaçeiro* beide Elemente vereint. Das möchte ich am Beispiel des berühmtesten *cangaçeiro,* des Virgulino Ferreira da Silva (1898–1938), bekannt als *Lampião* oder als *Der Hauptmann,* zu illustrieren versuchen, wobei ich der Darstellung eines Poeten aus dem Urwald folgen werde.

Die Sage behauptet (wir sind ja im Augenblick mehr am »Image« des *cangaçeiro* interessiert als an der Wirklichkeit), er stamme von angesehenen Viehzüchtern und Farmern ab, die am Fuß der Berge im trockenen Hinterland von Pernambuco lebten, als in »jenen Tagen der Vergangenheit das Hinterland noch recht wohlhabend war«. Er soll ein intellektueller – und im Bild der Legende daher auch nicht besonders kräftiger – Knabe gewesen sein. Die Schwachen müssen sich mit dem großen Banditen identifizieren können. Der Poet Zabele schrieb:

> *Wo Lampião lebt,*
> *Sich der Wurm zum Helden erhebt;*
> *Während der Affe den Tiger stellt,*
> *Ficht das Lamm um seine Welt.*

Sein Onkel, Manoel Lopes, meinte, der Junge sollte Arzt werden. Darüber konnten die Leute nur lächeln, denn:

> *Es gab in diesen Landen*
> *Sänger und Cangaçeirobanden.*
> *Und Treiber für das Vieh,*
> *Doch einen Arzt sah man dort nie.*

Wie dem auch sein mag, der Knabe selbst wollte ein *vaqueiro* werden, ein Rinderhirt, obwohl er doch das Schreiben und den »römischen Algorithmus« sehr schnell erlernte und schon nach drei Monaten Schule ein geschickter Poet war. Den Siebzehnjährigen beschuldigte man fälschlich des Diebstahls, und die Ferreiras wurden von den Nogueiras von ihrer Farm vertrieben. Das war der Beginn einer Fehde, die aus Virgulino Ferreira einen Geächteten machte. Zwar sagte man ihm: »Hab Vertrauen in den göttlichen Richter!«, doch er gab zur Antwort: »Im guten Buch steht geschrieben ›Ehre Vater und Mutter‹, und wenn ich nicht unseren Namen verteidige, so ist meine Ehre dahin.« Also:

> *Um sich Degen und Gewehr zu kaufen,*
> *Suchte er die Stadt São Francisco auf*

und bildete mit seinen Brüdern sowie noch siebenundzwanzig anderen (die sowohl den Nachbarn als auch dem Poeten der Lampião-Chronik unter Spitznamen bekannt waren, von welchen die meisten für angehende Banditen traditionell typisch sind) eine Bande, um die Nogueiras in der Serra Vermelha zu stellen. Von der Blutfehde zum Banditentum war es ein logischer – und angesichts der Übermacht der Nogueiras ein notwendiger – Schritt. Lampião wurde ein umherstreifender Brigant, dessen Ruhm sogar den Ruf eines Antonio Silvino überstrahlte, seit nach dessen Ergreifung im Jahre 1914 im Banditenpantheon des Hinterlandes eine Nische frei geblieben war:

> *Soldaten trieb er vor sich her,*
> *Rafft' Bürger ohn' Erbarmen hin;*
> *Nach der Klinge stand sein Sinn,*
> *Seine große Liebe war das Gewehr.*
> *Er ließ Reiche als Bettler ziehn,*
> *Tapfere flehten knieend um Schonung*
> *Oder verließen Heim und Wohnung*
> *Und mußten außer Landes fliehn.*

Der Poet behauptet allerdings, Lampião habe all die Jahre, in denen er der Schrecken des Nordostens war, nämlich zwischen 1920 und 1938, niemals aufgehört, sein Los zu beklagen, das den ehrlichen Landarbeiter zum Räuber gemacht und zum sicheren Tode verurteilt hatte, von welchem nur zu hoffen war, er möchte ihn im gerechten Kampf ereilen, denn jeder andere wäre ein unerträgliches Ende.
Lampião war und ist ein Held des Volkes, aber ein problematischer. Man mag es noch als vorsichtige Klugheit gelten lassen, wenn sein dichtender Chronist einen Bückling vor der konventionellen Moral macht und von der »Freude des Nordens« über den Tod des großen Lampião berichtet. Typischer ist allerdings die Reaktion eines der Hinterlandbewohner aus dem Distrikt von Mosquito: Als die Soldaten vorbeikamen, die die Köpfe ihrer Opfer in Kerosinbehältern mit sich führten, damit sich alle davon über-

zeugten, daß Lampião tatsächlich tot sei, meinte jener Mann: »Im Wasser hat das stärkste Gebet keine Macht; darum haben sie den Hauptmann getötet.« [33] Lampião hatte seine letzte Zuflucht in einem ausgetrockneten Fluß-bett gesucht, und wie anders war sein Verhängnis zu er-klären, als mit dem Versagen seiner magischen Kraft? Trotzdem war Lampião ein Held – nur ein *guter* Held war er eben nicht.

Gewiß, Virgulino Ferreira war zum berühmten Messias von Juazeiro gepilgert, um diesen Padre Cicero um den Segen zu bitten, ehe er ein Bandit wurde, und der Hei-lige hatte ihm auch ein Dokument gegeben, welches ihn zum Hauptmann und seine beiden Brüder zu Leutnants ernannte, nachdem er sich erst vergeblich bemüht hatte, ihn umzustimmen*. In der Ballade jedoch, auf die ich mich bei meinem Bericht in der Hauptsache beziehe, steht nir-gends verzeichnet, daß Lampião irgendwelches Unrecht gut-zumachen bemüht gewesen wäre (außer solches, das die Bande selbst traf), noch daß er von den Reichen ge-nommen hätte, um die Armen zu beschenken, oder daß er irgendwem Gerechtigkeit gebracht hätte. Sie berichtet von Kämpfen, von Verwundungen und von Überfällen auf Städte (oder was im Hinterland als solche angesehen wird), von Menschenraub, von Überfällen auf Reiche, von Aben-teuern mit Soldaten und Frauen, von Hunger und Durst aber von nichts, was einen an Robin Hood erinnert. Es werden vielmehr ganz im Gegenteil »Greueltaten« be-schrieben: Wie Lampião einen Gefangenen umgebracht hat, obwohl die Frau dieses Mannes schon das Lösegeld be-zahlt hatte, wie Arbeiter massakriert wurden, wie er eine alte Frau, die ihn verflucht hatte (sie wußte nicht, wer ihre Gäste waren), nackt mit einem Kaktus tanzen ließ, bis sie qualvoll umkam, wie er einen seiner Gefolgsleute, der ihn beleidigt hatte, sadistisch umbrachte, indem er ihn ein Kilo Salz zu essen zwang. Derlei Geschichten sind es,

* Siehe Seite 131 f.

die in der Lampião-Chronik verzeichnet stehen. Terror und Erbarmungslosigkeit waren für diesen Briganten wichtigere Attribute als etwa der Ruf, ein Freund der Armen zu sein. Und seltsamerweise, obwohl sich das wahre Leben des Lampião zweifellos durch Launenhaftigkeiten und bisweilen durch arge Grausamkeit ausgezeichnet hat, hielt er sich zumindest in einer Hinsicht für einen Hüter der Moral – der sexuellen nämlich:

Verführer wurden kastriert, den Banditen waren Vergewaltigungen untersagt (angesichts der Attraktivität ihres Rufes hatten sie es gar nicht nötig). Als »der Hauptmann« seinen Leuten befahl, eine Frau kahlzuscheren und sie nackt fortzutreiben, war die ganze Bande entsetzt, obwohl diese Frau einen Verrat begangen hatte. Zumindest ein Bandenmitglied mit echten Robin-Hood-Eigenschaften scheint es allerdings gegeben zu haben, und zwar Angelo Roque »Labarêda«, der später Pförtner des Gerichtes von Bahia wurde (!!). Im Mythos spielen solche Eigenschaften allerdings keine Rolle.

Terror bestimmt die typische Vorstellung zahlreicher Banditen:

> *Es zittert die ganze Plana de Vich,*
> *Wenn ich in der Nähe bin*

erklärt mit Stolz einer der Helden aus den vielen Balladen, welche die katalanischen *bandoleros* des 16. und 17. Jahrhunderts rühmen. In jenen Balladen kommen »Episoden der Großmut nicht gerade häufig vor« (wie vom vorzüglichen Historiker Fuster hervorgehoben wurde), obwohl diese Räuber vielfach in anderer Hinsicht durchaus »edel« sind. Eine keineswegs verbrecherische Tat macht sie zum *bandolero;* Opfer ihrer Raubüberfälle sind die Reichen und nicht die Armen, und da sie so »ehrenhaft« bleiben müssen, wie sie zu Beginn ihrer Bandolero-Laufbahn waren, werden sie beispielsweise nur töten, um »ihre Ehre reinzuwaschen«. Wie wir noch sehen werden, ist der

Schrecken ein wesentlicher Bestandteil im Bild des Heiducken (und Heiducken geben Armen auch nur wenig ab); auch hier ist es mit Eigenschaften des »edlen« Räubers vermischt. Diese Kombination von unbarmherziger Grausamkeit und Adel eines Robin Hood bestimmt auch den Charakter des rein fiktiven Desperados Joaquin Murieta, eines mexikanischen Anti-Yankee-Helden der kalifornischen Frühzeit mit so glaubhaften Zügen, daß er nicht bloß in die Folklore Kaliforniens Eingang fand, sondern sogar auch in die Geschichtsschreibung. Der Bandit ist in allen diesen Fällen ein Symbol für Macht und Revanche. Andrerseits sind die Beispiele wahrlich unqualifizierbarer Grausamkeit keine normalen Charakteristika typischer Banditen. Die Woge blutrünstigen Rausches, die gleichsam epidemisch von etwa 1917 an bis spät in die zwanziger Jahre hinein über die peruanische Provinz Huanuco hinwegging, als Banditentum zu klassifizieren, mag vielleicht irrig sein, denn obwohl Diebstahl und Raub vorgekommen sind, »waren doch nicht gerade sie, sondern eher Haß und Vendetta das Motiv«. Es handelte sich hier augenscheinlich um eine Situation, in der die Blutrache unkontrollierbar geworden war und »unter den Menschen Todesfieber ausbrach«, die sich denn dem »Sengen, Vergewaltigen, Töten, Plündern, kaltblütigen Zerstören« hingaben, und zwar überall außer in der eigenen Geburtsstadt oder -gemeinde. Das gräßliche Phänomen der kolumbianischen *violencia* in den Jahren nach 1948 geht aber noch weiter über gewöhnliches Sozialbanditentum hinaus, soviel ist durchaus offensichtlich. Das Element pathologischer Gewalttätigkeit tritt einem nirgendwo bestürzender entgegen als in dieser in Anarchie mündenden Bauernrevolution, obwohl es manche der fürchterlichsten Praktiken, die hier vorkamen, angeblich schon in früheren Guerillas gegeben hat; so etwa das Zerstückeln von Gefangenen »zur Unterhaltung der vor Grausamkeit rasenden Kämpfer«, eine später als *picar a tamal* bekannte Greueltat [34]. Bemerkenswert an solchen

Epidemien der Gewalttätigkeit und Massaker ist die Tatsache, daß sie den moralischen Maßstäben der beteiligten Aktionisten selbst widersprechen. Wenn unschuldige Dorfbewohner, die einen Omnibus benützen, scharenweise massakriert werden, so mag dies im Rahmen eines blindwütigen Bürgerkrieges vielleicht noch begreiflich scheinen. Bei solchen (wohlbezeugten) Zwischenfällen, wie, daß einer Schwangeren der Fötus aus dem Leib geschnitten und durch einen Hahn ersetzt wird, handelt es sich gewiß um ein bewußt begangenes »Vergehen«. Dennoch werden manche dieser Männer, die solch monströse Grausamkeiten begehen, von der lokalen Bevölkerung als »Helden« gefeiert. Exzesse des Terrors sind zwar Phänomene, die sich nur in mancher Hinsicht mit dem Banditentum decken, doch ist ihre Bedeutung groß genug, daß sie als *soziales Phänomen* eines Deutungsversuches bedürfen. (Die individuelle Psychopathie dieses oder jenes Banditen ist dabei irrelevant; tatsächlich besteht wenig Wahrscheinlichkeit anzunehmen, daß viele Banditen der Agrargegenden psychisch gestört seien.)

Zwei mögliche Ursachen dürfen angenommen werden, obwohl sie kaum zur Erklärung des gesamten Phänomens der extremen Gewalttätigkeit ausreichen. Im folgenden Satz des türkischen Autors Jaschar Kemal deutet sich der erste dieser beiden Gründe an: »Briganten leben von Liebe und Furcht; riefen sie nichts als Liebe hervor, so wäre es eine Schwäche, flößen sie bloß Furcht ein, wird man sie hassen, und keiner wird ihnen Unterstützung gewähren.« [35] Mit anderen Worten: sogar die besten Banditen müssen beweisen, daß sie »schrecklich« sein können. Daß mit Rache untrennbar Grausamkeiten verbunden sind und selbst den edelsten Banditen Rache zu üben als legitime Notwendigkeit gilt, ist der zweite Grund. Es dem Unterdrücker mit gleicher Münze heimzuzahlen, nachdem er sein Opfer gedemütigt hat, ist unmöglich, bewegt sich doch jener im Rahmen gesellschaftlich anerkannten Reichtums, sanktionierter Macht und sozialer Superiorität, welche dem Opfer erst zu Gebote stünden, wenn eine soziale Revolution stattgefunden hätte, die jene aus dem Sattel hebt, die als Klasse bislang die Macht innehaben, um nunmehr die Erniedrigten zu erheben. Bis dahin hat der Nichtprivilegierte keine anderen Mittel als Gewalt und Grausamkeit, um damit sichtbaren Erfolg zu erzielen. So überfallen Stojan und die Banditen in der bekannten bulgarischen Ballade *Stojan und Nedelja,* welche von der Unbarmherzigkeit des Brigantentums handelt, jenes Dorf, in dem man Stojan einst übel mitgespielt hat, als er noch bei Nedelja in Diensten stand. Diese wird nun entführt und zur Dienerin der Banditen gemacht. Aber nicht genug damit, daß er sie demütigt: aus Rache köpft er die einstige Herrin.

Ausbrüche von scheinbar willkürlicher Grausamkeit sind mit solchen Gründen gewiß nicht zulänglich gedeutet. Zwei mögliche Erklärungen lassen sich vorbringen; allerdings äußere ich sie nur zögernd, wird doch lediglich ein Narr den Dschungel der Sozialpsychologie sorglos betreten.

Einige bekannteste Beispiele von Ausbrüchen maßloser Gewalttätigkeit sind mit Situationen verbunden, wo Gruppen unter besonderer Demütigung und Inferiorität zu leiden haben (wie beispielsweise Farbige in Gesellschaften mit weißen Rassismus) oder, noch härter, wo *Minoritäten* von *Majoritäten* unterjocht werden. Daß der Urheber jener sowohl edlen als auch bemerkenswert grausamen Bande Joaquin Murietas – Rächer der Mexikaner Kaliforniens gegen die fremden Eroberer, die »Gringos« – selbst zu einer noch ärger unterdrückten Minorität gehört hat, nämlich zu den Tscheroki-Indianern, ist vielleicht kein Zufall. Lopez Albujar hat das blutige Unwetter beschrieben, das über die indianischen Bauern von Huanuco (Peru) hinwegging, und er sah den Zusammenhang bewundernswert klar. Die eigentliche Triebfeder, warum diese »Banditen« raubten, mordeten und brandschatzten, war, daß sie sich »für die unersättliche Raffgier derer rächten, die einer fremden Rasse angehörten«, was soviel wie Rache an den Weißen bedeutet. Wenn sich in Bolivien vor der Revolution des Jahres 1952 indianische Leibeigene gelegentlich gegen ihre weißen Herren erhoben, so kam es bei diesen brutalen Jacquerien zu ähnlichen – zeitweiligen – Abweichungen von der normalen Stumpfheit und Passivität der Bauernschaft. Sie schlug in grausame Wut um.

Ungezähmte Vergeltungsucht, wahlloses Sich-rächen-Wollen, gewiß, aber vielleicht auch eine weit allgemeinere »Revolution der Zerstörung«, die eine Welt in Schutt und Asche legt, weil eine »gute« Welt unmöglich scheint. Solcher Wille ergreift insbesondere jene, die schwach sind und stets Opfer, denen nicht einmal im Traum die Hoffnung eines authentischen Sieges aufleuchtet. Stagolee, der mythische Held der Negerballade, reißt gleichsam wie ein zweiter Samson die ganze Stadt nieder, als fände dort ein Erdbeben statt. Brechts Seeräuber-Jenny, das Opfer aller Männer, denen sie in ihrem lumpigen Hotel begegnet, träumt von dem Schiff mit acht Segeln und den Hundert, welche gen Mittag an Land kommen werden, um Jenny dann zu fragen: »Welchen sollen wir töten?« – »Alle«, wird sie sagen, und wenn dann der Kopf fällt: »Hoppla.« Auch die legendären Helden der Romanzen unterdrückter süditalienischer Arbeiter träumen vom Weltuntergang; so etwa der kalabrische Bandit Nino Martino. Es bedeutet unter solchen Umständen einen Triumph an sich, wenn man seine Ansprüche auf Macht – welcher Art immer diese auch wäre – geltend machen kann. Töten und Martern stellen die primitivste und persönlichste Form von Bestätigung äußerster Macht dar. Dieser Versuchung nicht nachzugeben, wird einem Rebellen vermutlich um so schwerer fallen, je schwächer er sich im Grunde selbst vorkommt.

Doch sogar wenn solche Rebellen triumphieren, so wohnt noch dem Sieg die Versuchung der Zerstörung inne, denn primitive bäuerliche Empörer haben kein positives Pro-

Banditentum ohne falsche Romantik: Francisco Goya »Banditen
überfallen eine Kutsche« (ca. 1792–1800); ein Sujet, mit dem sich Goya
oftmals befaßt hat.

Oben:
Romantisiertes
Banditentum:
J. H. Williams
(1836–1908). Jedes
Bild dieses Malers
erzählt eine viktoria-
nische Geschichte,
oftmals über
Banditen und
Toreros Spaniens.

Rechts:
Sizilianische
Theaterpuppen:
der berühmte
Pasquale Bruno, Held
eines Romans von
A. Dumas d. Ä.
(rechts). Im Reper-
toire der Marionet-
tenspieler traten die
Briganten neben
den französischen
Paladinen auf. Um
die Mitte des 20. Jahr-
hunderts verloren
sie an Popularität.

Oben: Volkstümliche Darstellung katalanischer Briganten. – Ex Voto aus Ripoll (Provinz Gerona) –, die die traditionellen Bewaffneten in der traditionellen gebirgigen Umgebung zeigt.

Unten: Entführung eines reichen Landbesitzers. Man beachte die traditionellen Röcke und spitzen Mützen der Briganten. – Sizilianische Terrakottagruppe (Caltagirone; wahrscheinlich von F. Bonnano, einem Spezialisten in Banditensujets).

Oben: Sizilianische
Bauernschnitzerei aus
der Mitte des
19. Jahrhunderts
(Provinz Syrakus).
Aneinandergefesselte
Banditen, von Gendarmen
zu Fuß und zu Pferd um-
geben.

Rechts: Giuseppe Musolino,
populärer Bandit Süd-
italiens, der weit über
die Grenzen seiner
Heimatprovinz Kalabrien
hinaus berühmt war.
Geboren 1875 in San
Stefano, Aspromonte;
verhaftet 1897, entkam er
zwei Jahre später, um
1901 wiederum gefangen
zu werden; er starb 1956
nach 45jähriger Haft in
geistiger Umnachtung.

Banditenlandschaft: Barbagia auf Sardinien. In diesem exemplari-
schen Banditenzentrum wurde De Setas »Banditti ad Orgosolo« (1961)
gedreht, ein Film, der eine typische Entwicklung zum Briganten
rekonstruierte.

Romantisierter Brigant des Pariser Salonmalers Charles-Alphonse-Paul Bellay (1826–1900), der eine Vorliebe für pittoreske italienische Volkstypen hatte.

Der berühmteste Bandit der Republik Italien: *Salvatore Giuliano* (1922–1950), den Journalisten sehr oft – und sehr schmeichelhaft – photographierten.

Oben: Der tote *Salvatore Giuliano* in einem Hof in Castelvetrano am 5. Juli 1950. Die Polizei reklamierte die Tat für sich.
(Man beachte das Maschinengewehr und die Pistole.)

Unten: Giulianos Brigantenbande liegt im Hinterhalt, rekonstruiert im vorzüglichen Film von Francesco di Rosi am Ort der Handlung.

Auf Sardinien in den sechziger Jahren versprechen Banditensteckbriefe Kopfgelder von zwei bis zehn Millionen Lire. Das Brigantentum tritt in der Barbagia noch besonders häufig auf.

gramm, sondern bloß ein negatives, nämlich einen Über-
bau abzuschütteln, der die Menschen daran hindert, so gut
und so redlich zu leben, wie dies in guter, alter Zeit der
Fall war. Was dem Mann am Pflug oder dem Hirten mit
dem Krummstab keinen Nutzen bringt und nicht notwendig ist, wird erschlagen, zertrümmert oder verbrannt, um
so die Korruption aus der Welt zu schaffen und bloß Gutes, Reines und Natürliches bestehen zu lassen. Deshalb
vernichteten die Briganten und Guerrilleros Süditaliens nicht
bloß ihre Feinde sowie die gesetzlichen Urkunden der
Knechtschaft, sondern auch überflüssige Reichtümer. Ver-
nichtung war ihre Sozialjustiz.

Allerdings gibt es auch eine andere Situation, nämlich jene,
wo die Gewalttätigkeit sogar die Grenzen der Konventionen
von gewohnheitsmäßig gewalttätigen Gesellschaften über-
schreitet. Das geschieht in Perioden jähen sozialen Um-
schwunges, wo traditionelle Kontrollmechanismen der Gesellschaft zusammenbrechen, die sonst destruktiver Anarchie
Zügel anlegten. Wer sich aufmerksam mit Gesellschaften
befaßt hat, in denen die Blutrache eine Rolle spielt, dem
ist das Phänomen der »selbständig gewordenen« Fehde bekannt. Unter normalen Umständen ist die Blutfehde ein Mechanismus gesellschaftlicher Ordnung, den eine automatische Bremsvorrichtung steuert. War nämlich einmal die zwischen zwei verfehdeten Sippen bestehende offene Schuld
durch neuen Tod oder durch sonst eine Entschädigung be-
glichen, so wurde sie vertraglich beigelegt, wobei diese Einigung von dritter Seite durch gegenseitige Heirat oder auf
sonst eine unmißverständliche Weise garantiert wird, wenn
anders das Töten nicht endlos weitergehen soll. Aus man-
cherlei Gründen kann es indes vorkommen, daß der Bremsmechanismus nicht funktioniert. (Besonders auffällig ist
dies beispielsweise dann der Fall, wenn eine neuerungssüch-
tige Staatsmacht durch Maßnahmen eingreift, die nach lokaler Sitte nicht begriffen werden können oder diejenige
der im Streit befangenen Parteien unterstützen, die mehr

politischen Einfluß hat.) Setzt der Bremsmechanismus aus irgendwelchen Gründen aus, so entwickelt sich die Fehde zu einem jener ausgedehnten gegenseitigen Massaker, bei dem entweder die eine Sippe ausgerottet wird oder nach Jahren des Kampfes endlich eine Einigung zustande kommt, wie sie gleich von Anfang an zu treffen gewesen wäre. Wie wir am Beispiel Lampiãos sahen, führt derartiges Zusammenbrechen des üblichen Mechanismus, die Fehde beizulegen, unter anderem zum vermehrten Auftreten von Banditen und Geächteten. (Und tatsächlich steht eine Fehde fast stets am Anfang der Laufbahn des brasilianischen *cangaçeiro*.)

Für ein noch allgemeineres Zusammenbrechen gesellschaftlicher Kontrollmechanismen, welche als Sitten etabliert waren, kennen wir gute Beispiele. In seiner trefflichen Autobiographie *Land ohne Gerechtigkeit* beschreibt Milovan Djilas den Untergang des Wertsystems der Menschen in seiner montenegrinischen Heimat nach dem Ersten Weltkrieg und berichtet eine eigenartige Episode: Die orthodoxen Montenegriner waren daran gewöhnt, nicht bloß interne Fehden auszutragen, sondern überdies ihre Nachbarn, katholische Albaner und muselmanische Bosniaken, zu überfallen oder von ihnen überfallen zu werden. Zu Anfang der zwanziger Jahre zog eine Schar Montenegriner aus, um wie seit urdenklichen Zeiten die Dörfer der Bosniaken zu überfallen. Zu ihrem Entsetzen entdeckten sie, daß sie selbst Handlungen begingen, wie sie Plünderern bislang fremd gewesen waren und von denen sie selbst wußten, daß es Untaten waren: Kindermord, Torturen und Vergewaltigungen. *Und sie konnten davon nicht ablassen.* Einst waren die Regeln des Zusammenlebens der Menschen klar verständlich gewesen; Sitte und Beispiel hatten Rechte und Verpflichtungen, Bereich, Grenzen, Zeitpunkt und Gegenstand ihrer Handlungen festgelegt. Aber die Regeln des Zusammenlebens waren nicht bloß aus solchen Gründen zwingend gewesen, sondern weil sie Teil eines Systems waren, dessen Elemente niemals in einem allzu offenkundigen Widerspruch zur Realität standen. Ein Teil dieses Systems war inzwischen zerbrochen: die Montenegriner konnten sich nicht länger selbst als »Helden« betrachten, da sie (um der Argumentation Djilas' zu folgen) nicht bis zum Tod gegen die österreichischen Eroberer gekämpft hatten. Nunmehr funktionierten auch andere Teile des Wertsystems nicht mehr: zogen die Montenegriner in den Kampf, so waren sie außerstande, wie »Helden« zu handeln. Erst als auf einer neuen und tragfähigeren Basis das alte, heroische Wertsystem wiederhergestellt war – eigenartigerweise gerade durch den massenweisen Beitritt der Montenegriner zur Kommunistischen Partei –, konnte die Gesellschaft wieder ihr »geistiges Gleichgewicht« erlangen. Als 1941 der Aufruf erging, sich gegen die Deutschen zu erheben, zogen sie zu Tausenden in die Schwarzen Berge, um wiederum »ehrenhaft« zu kämpfen, zu töten und zu fallen*.

Wir sahen, wie sich das Banditentum ausbreitet und wie es in Zeiten sozialer Spannungen und Umbrüche epidemisch wird. In diesen Zeiten kommen die Umstände solchen Ausbrüchen von Grausamkeit ganz besonders entgegen. Abgesehen von der Tatsache, daß der Bandit als Rächer der Armen auftritt, wird das wesentliche Bild des Brigantentums davon nicht bestimmt. Dennoch wird es in solchen Zeiten zweifellos viel öfter und systematischer als sonst zu Ausbrüchen von Grausamkeit kommen, und insbesondere dort, wo Empörung und Rebellion der Bauern nicht zur sozialen Revolution führt, sondern wo sich die Militanten unter ihnen vielmehr gezwungen sehen, ihre Zuflucht zu einem Leben von Räubern und Geächteten zu nehmen. Hungrig, verbittert und beherrscht von Ressentiments, werden sie sich sogar gegen die Armen richten,

---

* Die Montenegriner, 1,4 % der jugoslawischen Bevölkerung, stellten 17 % der Offiziere in der Partisanenarmee.

die sie bei ihrem Kampf im Stich gelassen haben. Es ist vielleicht noch ärger, daß solche Grausamkeiten in der zweiten Generation auftreten werden, unter jenen »Kindern der Gewalt«, die aus den Aschenhaufen ihrer Heimstätten, unter den Leichen ihrer Väter und den geschändeten Leibern ihrer Mütter und Schwestern hervorkommen und dann in ein Leben der Ächtung eintreten:
»Was hat Sie am stärksten beeindruckt?
Der Anblick der brennenden Häuser.
Worunter haben Sie am meisten gelitten?
Am Weinen meiner hungernden Mutter und meiner kleinen Brüder auf dem Berg.
Sind Sie verwundet worden?
Fünfmal, alles Gewehrschüsse.
Was möchten Sie am liebsten?
Veranlassen Sie, daß man mich in Ruhe läßt, und ich werde arbeiten. Ich möchte lesen lernen. Doch sie wollen mich nur töten. Mich wird man nicht am Leben lassen.« [36]
Diese Antworten wurden von dem zweiundzwanzigjährigen kolumbianischen Bandenführer Teofilo Rojas (»Chispas«) in einem Interview gegeben, das zu einer Zeit stattfand, als man ihn wegen 400 Verbrechen unter Anklage gestellt hatte: Ermordung von 37 Personen in Romerales, 18 in Altamira, 18 in Chili, 30 in San Juan de la China und 30 in El Salado, 25 in Toche und ebenso viele in Guadal, 14 in Los Naranjos usw.
Monsignore German Guzman, einer der besten Kenner der *violencia* seiner kolumbianischen Heimat, beschrieb die Situation dieser mörderischen Waisenkinder der Anarchie so: Erstens hat man die wesentliche Einheit des bäuerlichen Lebens zerschlagen, als man Menschen und Boden voneinanderriß. Sie lassen den Boden unbestellt und kümmern sich nicht um die Bäume . . . Diese Männer – oder vielmehr: diese Jugendlichen – haben keine Hoffnung. Ihr Leben umgibt Unsicherheit, die in Abenteuern und in tödlichen Unternehmungen, durch welche man sich selbst be-

stätigen will, ihren Ausdruck findet; ein Ausdruck ohne jeglichen transzendentalen Sinn. Zweitens haben sie das Gefühl verloren, daß der Hof ihre Zuflucht ist und ein Ort sein kann, den man liebt, woher einem Ruhe und Sicherheit kommen und ein Gefühl der Beständigkeit ausgeht. Sie sind rastlos irrende Abenteurer und Vagabunden. Das Leben als Geächteter löst jede Bindung und macht sie völlig unbeständig. Würden sie aber irgendwo vor Anker gehen und einen Ort liebgewinnen, so wäre das Selbstaufgabe bedeuten, sie wären am Ende. Drittens: Da sie keine Wurzeln haben, geraten solche jungen Feinde der Gesellschaft in Umstände, die sich vom verlorenen Zuhause völlig unterscheiden, in ein Leben der momentanen Gelegenheiten und der Unsicherheit, ein Leben auf Widerruf. Ihr Nomadendasein hat zur Folge, daß sie verwirrt nach Gelegenheiten zur Befriedigung ihrer Gefühle suchen, für die sie keine solide Gemütsverfassung mehr besitzen. Hier liegt auch der Schlüssel zur Erklärung ihrer sexuellen Ängste und der pathologischen Häufigkeit ihrer abwegigen Untaten. Gewöhnlich hat Liebe keine andere Bedeutung für sie als Notzucht oder gelegentliches Konkubinat... Wenn sie annehmen, das Mädchen wolle sie aus irgendeinem Grunde verlassen, dann töten sie es. Viertens verlieren sie das Gefühl für den *Pfad* als das integrierende Element bäuerlichen Daseins. Die Hochlandbewohner hängen an den Fußpfaden, auf denen sie ihre unzähligen Lasten tragen, bis solch ein Weg in gewissem Sinn zum teuer vertrauten Besitztum wird; eine Art Liebe veranlaßt sie, immer wieder denselben Pfad zu benutzen. Der antisoziale Bandit unserer Tage weicht vom bekannten Fußweg ab, denn entweder verfolgen ihn Soldaten, oder die Taktik der Guerrilleros zwingt ihn, Stellen für einen unerwarteten Hinterhalt oder Schleichwege zum überraschenden Angriff zu suchen [37].

Soll ein Mensch unter solchen Umständen nicht zum Wolf werden, sind Disziplin und eine gefestigte Ideologie nötig – alles andere denn typische Eigenschaften des bäuerlichen Rebellen.

Obwohl wir pathologische Abweichungen des Banditentums erwähnen müssen, sind dennoch jene Gewalttaten und Akte der Grausamkeit, die untrennbar mit der Vollstreckung von Rache verbunden sind, beständigstes und besonders typisches Merkmal. Man rächt sich für persönliche Demütigung, man rächt sich aber auch an jenen, die andere unterdrückt haben. Der Banditenführer Oleksa Dovbuš überfiel im Mai des Jahres 1744 das Gut des Edelmannes Konstantin Zlotnicky. Er hielt dessen Hände über das Feuer und ließ sie brennen, er übergoß ihn mit glühenden Kohlen und verweigerte die Annahme von Lösegeld. »Ich bin nicht nach Geld gekommen, sondern nach deiner Seele, damit du das Volk nicht länger folterst«, heißt es im Bericht der Zisterzienser aus Lemberg. Dovbuš tötete auch noch die Frau und den halbwüchsigen Sohn des Edelmannes, und die Darstellung der Zisterzienser schließt mit der Eintragung, Zlotnicky sei Zeit seines Lebens ein grausamer Herr gewesen und verantwortlich für den Tod vieler Leute. Wo Männer Banditen werden, da verlangt Blut nach Blut und gebiert Grausamkeit neue Grausamkeit [38].

5. Heiducken

Man hat Nemtscho zur Waise gemacht;
Kein Vater, keine Mutter,
Und auf Erden hat er niemand,
Der ihm ratet, der ihn leitet,
Wie er sät und wie er erntet
Auf dem Feld des toten Vaters.
Doch statt dessen wird er Heiduck,
Fahnenträger der Heiducken,
Hüter ihres Schatzes.

Aus: A. Dozon, Chansons populaires bulgares inédites.
Paris 1875.

Als christliche Gutsherren und türkische Eroberer vordran-
gen, wurde vom fünfzehnten Jahrhundert an das Leben
der Bauern in den Bergen und flachen Einöden Südost-
europas immer schwerer, doch – ganz anders als in den
dichter besiedelten oder entschlossener verwalteten Gebieten – verblieb ein ansehnlicher Spielraum für potentielle
Freiheit. Es entstanden unter den von ihrem Grund und
Boden Vertriebenen oder unter jenen, die der Leibeigenschaft zu entrinnen vermochten, anfänglich beinahe spontan, später in organisierter Form Gruppen und Gemeinschaften freier, bewaffneter und kampfbereiter Leute.
»Eine soldatische Schicht, welche der freien Bauernschaft
entstammte«, wie ein Gelehrter sie nannte, wurde für jenes
weite Gebiet charakteristisch. Man nannte solche Gruppen
in Rußland Kosaken, in Griechenland Klephten, in der
Ukraine Haidamaken, während sie in Ungarn und in nörd-
lich von Griechenland gelegenen Balkangebieten größtenteils Heiducken (Hajdú, Hajdut, Hajdutin) hießen, ein Wort
türkischen oder madjarischen Ursprungs, dessen Etymolo-
gie und ursprüngliche Bedeutung wie gewöhnlich von Philo-
logen heiß umstritten sind. Es handelte sich bei jenen Grup-

pen um eine Kollektivform jenes individuellen Protests der Bauern, die, wie wir sahen, das klassische Banditentum hervorgebracht hat.

So wie jene Männer, aus deren Reihen Robin Hoods und Rächer hervorgingen, waren auch die Heiducken nicht automatisch der Rebellion gegen jede Autorität verpflichtet. Wie beispielsweise in manchen Teilen Ungarns, mochten sie sich einem Herrn anschließen, der dann – als Gegenleistung für die Anerkennung ihres Status als freie Männer – neue Kämpfer hinzugewann. Auf Grund einer natürlichen Entwicklung von Sprache und Wirklichkeit konnte also der Begriff »Heiduck«, welcher den freien Räuber und Befreier par excellence bezeichnete, als Name für eine gewisse Gattung livrierter Diener der deutschen Adeligen Verwendung finden. Häufiger jedoch erhielten sie – wie in Rußland und Ungarn – von Kaiser, Zar oder anderen Fürsten Land und mußten sich dafür verpflichten, mit Waffen und Pferd ausgerüstet, unter einem Anführer ihrer eigenen Wahl, die Türken zu bekriegen, und wurden dadurch als eine Art ritterlichen Fußvolks zu Wächtern militärischer Grenzen. Im Grunde waren sie aber dennoch Freie – und als solche den Bauern überlegen, deren Knechtschaft sie verachteten; sie zogen deshalb wie magnetisch Rebellen und Ausreißer an. Was ihre Loyalität betrifft, so war sie alles andere als unbedingt; die großen Bauernaufstände Rußlands im siebzehnten und achtzehnten Jahrhundert begannen stets an den Kosakengrenzen.

Es gab jedoch noch eine dritte Art von Heiduckentum, die Adligen und Regenten die Gefolgschaft verweigerte, wenn vielleicht auch nur deshalb, weil in den Gegenden, wo diese Heiducken florierten, Adlige und Regenten meistens ungläubige Türken waren. Von Thron oder Lehnsherren unabhängig, waren diese freien Heiducken Räuber von Beruf; sie spielten die soziale Rolle von Türkengegnern und Volksrächern, Widerstands- und Befreiungsbewegung einer primitiven Guerilla. Als solche traten sie im fünfzehnten Jahrhundert in Erscheinung, erstmalig vielleicht in Bosnien und der Herzegowina, später auf dem gesamten Balkan sowie in Ungarn, vor allem jedoch in Bulgarien, wo schon 1454 von einem »Haidot«-Führer berichtet wird. Ich habe mich des Namens dieser Leute bedient, um die höchste Form primitiven Banditentums als einen Typus darzustellen, der dem Wesen bewußter Auflehnung von Bauern, die sich um einen permanenten Herd der Empörung scharen, am nächsten kommt. Solche »Heiducken« hat es nicht bloß in Südosteuropa gegeben. Unter anderen Namen sind sie auch in verschiedenen sonstigen Erdteilen vorgekommen, in Indonesien etwa, oder vor allem im chinesischen Kaiserreich. Aus einleuchtenden Gründen waren sie gerade dort am meisten verbreitet, wo ein Volk von fremdsprachigen oder andersgläubigen Eroberern unterdrückt wurde, doch hat es sie auch anderswo gegeben.

Normalerweise waren Ideologie oder Klassenbewußtsein nicht die Motive, warum jemand zum Heiducken wurde; noch waren dafür gewöhnlich jene Schwierigkeiten nichtkriminellen Charakters ausschlaggebend, die individuelle Banditen zum Geächteten machten. Es gibt indes auch dafür Beispiele, etwa den Heiducken-Führer Panaiot Hitow (ihm verdanken wir eine unschätzbar wertvolle Autobiographie), der in den 1850er Jahren in die Berge ging, nachdem er als Fünfundzwanzigjähriger mit einem Gesetzesvertreter der Türken einen Kampf ausgefochten hatte, welcher die Folge eines obskuren Rechtsstreites war. Wenn wir aber den zahlreichen Liedern und Balladen der Heiducken Glauben schenken, die eine der wichtigsten Quellen unserer Kenntnis dieses Banditentypus darstellen, so wurde man aus streng ökonomischen Gründen zum Banditen. Der Winter war hart gewesen, berichtet solch ein Lied, im Sommer kam die Dürre, und es starben die Schafe. Da wurde Stojan Heiduck:

>*Wer da will Hajduke, freier, werden,*
Komme hierher, stell' sich neben mir her!«
Kamen da zusammen etwa zwanzig,
Und wir hatten gar nichts, ja gerad' nichts;
Hatten Stöcke nur statt scharfer Schwerter. [39]

Der Heiduck Tatuntscho hingegen kehrte wieder zur Familie zurück, weil ihn die Mutter anflehte. Sie fand, ein Räuber sei nicht imstande, seine Familie zu ernähren. Aber der Sultan schickte Soldaten aus, um Tatuntscho gefangenzunehmen. Der tötete sie alle und brachte das Geld, welches sich in ihren Gürteln befand, nach Hause: »Mutter, hier ist das Geld. Sagt noch wer, daß ein Bandit seine Mutter nicht ernährt?« Mit Glück kam man als Brigant tatsächlich in eine finanzielle Lage, die weit besser war als jene der Bauern.

Reines Sozialbanditentum kam unter den Umständen nicht oft vor, doch hebt Panaiot Hitow in seiner prächtigen Übersicht hervorragender Männer, die derselben Berufung nachgegangen waren wie er selbst, den seltenen Fall eines reinen Sozialbanditen hervor: Dontscho Vatatsch. Dieser Mann war in den 1840er Jahren erfolgreich tätig. Er verfolgte ausschließlich türkische Übeltäter, half den Armen Bulgariens und verteilte Geld. Die Verfasser von *A Residence in Bulgaria* (1869) – Briten, die, wie es so oft vorkommt, zu Sympathien für islamitischen Heroismus neigten – haben bemerkt, daß die klassischen »edlen Räuber« Bulgariens die *čelibi* gewesen sind, zumeist »wohlgeborene« Türken. Sie unterscheiden sich von den *khersis* – oder gewöhnlichen Räubern –, welche sich der Sympathien ihrer Dörfer erfreuten, und den Heiducken, die, von Natur grausam, als mordende Geächtete lediglich von den Mitgliedern der eigenen Bande unterstützt wurden. Das mag zwar übertrieben sein, doch waren die Heiducken gewiß keine Robin Hoods, und wer ihnen in die Hände fiel, wurde ihr Opfer. In den Balladen stehen immer wieder Variationen des folgenden Satzes:

> *Wir machten viele Mütter weinen,*
> *Viele machten wir zu Witwen,*
> *Mehr noch aber wurden Waisen,*
> *Denn wir sind selber kinderlos.*

Die Grausamkeit der Heiducken ist ein wohlbekanntes Thema. Zweifellos war die Isolierung der Heiducken von der Bauernschaft um vieles beständiger als die Isolierung der klassischen Sozialbanditen, waren sie doch nicht nur Herrenlose, sondern meistens – zumindest während ihrer Banditenlaufbahn – auch ohne Verwandtschaft (»Alle ohne Mutter und auch ohne Schwestern«). Sie lebten mit der Bauernschaft nicht wie Maos sprichwörtlicher Fisch im Wasser, sondern eher wie Soldaten, die ihr Dorf verlassen, um ins halbständige Exil eines Soldatenlebens zu gehen. Jedenfalls kam ein hoher Prozentsatz dieser Männer aus den Reihen der Hirten und Treiber, also Halbnomaden, deren Beziehungen zu besiedelten Niederlassungen immer wieder abreißen oder höchst dürftig sind. Es ist bezeichnend, daß die griechischen Klephten (und vielleicht auch die slawischen Heiducken) ihre spezielle, eigene Sprache hatten, ihr besonderes Rotwelsch.

Deshalb war denn die Unterscheidung zwischen Räuber und Held, zwischen dem von Bauern als »gut« Akzeptierten oder als »schlecht« Verurteilten außergewöhnlich schwierig. In den Liedern von den Heiducken werden ebenso oft deren Sünden beteuert wie ihre Tugenden beharrlich gepriesen. So wird ja auch im berühmten chinesischen Roman »Die Räuber vom Liang Schan Moor« beharrlich von Unmenschlichkeiten erzählt (in den bekannten Anekdoten einiger Leute, welche sich schließlich der großen, bunten Gesellschaft von heldenhaften Geächteten anschließen)*.

* Ich weiß jedoch von keinem Fall, daß man Heiducken anthropo-

Die Definition des Heiducken-Helden ist eine wesentlich politische Bestimmung. Auf dem Balkan war er, bestimmten traditionellen Regeln entsprechend, ein *nationaler* Bandit, das heißt ein Beschützer oder Rächer der Christen und Gegner der Türken. Insoweit als er die Unterdrücker bekämpfte, war sein Image positiv, mochten seine Taten auch schwarze Untaten sein und mochten ihn seine Sünden schließlich auch zur Einkehr als bußfertiger Mönch führen oder ihm die Strafe einer neunjährigen Krankheit einbringen. Anders als der »edle Räuber« ist der Heiduck nicht von persönlicher moralischer Billigung abhängig; im Gegensatz zum »Rächer« ist seine Grausamkeit nicht sein wesentliches Charakteristikum, sondern wird bloß wegen seiner Dienste am Volk geduldet.

Zu einer halbpolitischen Bewegung konnte diese Ansammlung von Gestalten am Rande der Gesellschaft, von Männern, die sich nicht so sehr für die Freiheit gegen die Leibeigenschaft als für den Raub gegen die Armut entschieden, deshalb werden, weil eine mächtige Tradition und eine anerkannte kollektive soziale Funktion sie dazu machten. Wie wir sahen, gingen sie hauptsächlich aus wirtschaftlichen Gründen in die Berge, doch lautete der Fachausdruck dafür »Rebellion«, und der Heiduck war per definitionem ein Aufrührer. Er schloß sich einer anerkannten sozialen Gruppe an. Während die »merry men« im Wald von Sherwood ohne ihren Robin Hood völlig unbedeutend sind, gibt es jenseits des Sees in den chinesischen Bergen »die Banditen« oder auf dem Balkan »die Heiducken«, welche immer da sind, um Empörer oder Geächtete bei sich aufzunehmen. Es wechseln ihre Anführer, manchen feiert man mehr als die anderen, einige sind »edler« als die meisten übrigen, doch hängt weder die Existenz der

phagischer Praktiken angeklagt hätte – zumeist die Ermordung von Reisenden, deren Fleisch dann an Metzger verkauft wurde –, ein Usus, den die Öffentlichkeit bloß jenen Kriminellen zuzuschreiben scheint, die man voll und ganz als Außenseiter einer normalen Gesellschaft ansehen möchte.

Heiducken noch ihr Ruf vom Ansehen irgendeines einzelnen ab. Demnach wären die Heiducken ein sozial anerkanntes Heldenkollektiv, und soweit ich darüber etwas sagen kann, sind tatsächlich die Protagonisten der Balladenzyklen über Heiducken nicht Männer, die in Wirklichkeit berühmte Heiduckenführer geworden sind, sondern vielmehr sind es Anonyme – sie heißen Stojan, Iwantscho, oder wie sonst irgendein einfacher Bauer heißt, und sie waren nicht einmal unbedingt die Führer einer Bande. Weniger anonym und zugleich weniger informativ in sozialer Hinsicht sind die Balladen der Klephten in Griechenland, die eher der Literatur zum Ruhme (und zur Selbstverherrlichung) professioneller Kämpfer zuzurechnen und deren Helden als Protagonisten berühmt und jedermann bekannt sind.

Zur permanenten Existenz des Heiduckentums gehörten feste Strukturen und Organisation. Die große Brigantenrepublik, welche im ›Schui Hu Tschuan‹ dargestellt wird, zeichnet sich durch sorgfältig ausgearbeitete Organisation und exakte Hierarchie aus, was nicht allein darauf zurückzuführen ist, daß ehemalige Beamte und stellungslose Intellektuelle in China – anders als in europäischen Analphabetengegenden – beträchtliches Ansehen genossen. (Eines der wichtigsten Themen ist denn auch die Absetzung eines Banditenführers mit geringerem Verstand – eines jener durchgefallenen Prüfungskandidaten, die eine so offensichtliche Quelle politischen Empörertums im Reich des Himmelsthrones waren –, um ihn durch einen Gescheiteren zu ersetzen; es geht da sozusagen um den Triumph des brillanten Verstandes.) Die Heiduckenbanden wurden von (gewählten) Woiwoden geführt, »Herzögen«, denen es oblag, Waffen zu beschaffen, und die von ihrem *Bairaktar,* dem Träger einer roten oder grünen Standarte, unterstützt wurden, der auch als Schatz- und Quartiermeister fungierte. Struktur und Terminologie der militärischen Organisation russischer *Rasbojniki* und auch in manchen Dakaitengemeinschaften Indiens waren ähnlich; so etwa bei den Sansia, deren Sipahis (Sepoys oder Spahis, »Soldaten«) von Jemadaren angeführt wurden, die von jeder Beute, die sie an die Offiziere abgaben, selber zwei Einheiten erhielten, sowie auch noch zehn Prozent des gesamten Gewinnes, um Fackeln, Speere und andere notwendige Kriegsausrüstung zu beschaffen*.

Das Banditentum der Heiducken bedeutete also eine Herausforderung an die offizielle Obrigkeit, die man ernster nehmen mußte als vereinzelte Robin Hoods oder andere rebellierende Räuber, wie sie aus jeder normalen Bauerngesellschaft hervorgehen; bei der permanenten und institutionalisierten Herausforderung der Heiducken ging es um mehr. Ob solch fortdauerndes, organisiertes Banditentum, welches darum ganz von selbst potentiell »politischer« war, auf Grund gewisser geographischer und politischer Bedingungen ermöglicht wurde, oder ob bestimmte politische Situationen (wie etwa die Unterjochung durch Fremde oder gewisse Arten sozialer Konflikte) ungewöhnlich »bewußte« Formen des Banditentums begünstigten und somit zur festeren und dauerhafteren Struktur beitrugen, ist nicht leicht zu sagen. Sagen wir, daß beide Gründe zutrafen, so entschlagen wir uns der Antwort auf eine Frage, die noch

* Von den Briten wurden die indischen *Dakaiten* insgesamt als »Verbrecherkasten« oder auch als »Verbrecherstämme« bezeichnet. Hinter dem wohlbekannten Hang der Inder, jede Sozial- oder Beschäftigungsgruppe eigens zu identifizieren – was man gewöhnlich als »Kastensystem« bezeichnet –, läßt sich allerdings oftmals so etwas wie ein Heiduckentum bemerken. Die *Badhaken,* der berühmteste »Stamm« nordindischer Banditen, waren ursprünglich verstoßene Moslems und ehemalige Hindus; die Badhakengemeinschaft war eine Zufluchtstätte, gleichsam »eine Art Adullams Höhle, um Vaganten und Ehrlose, die von verschiedenen Stämmen kamen, aufzunehmen«. Obwohl die Sansia sich möglicherweise aus einer erblichen Tradition von Barden und Geschlechterkundigen entwickelt haben – unter manchen Radschputen sind sie diesem Beruf noch zu Ende des 19. Jahrhundert nachgegangen –, nahmen sie in ihre Gemeinschaft neue Mitglieder von außen auf. Die gefürchteten Minas Mittelindiens sollen andrerseits enteignete Bauern und Dorfwächter gewesen sein, die in die Berge zogen und professionelle Briganten wurden.

immer eine Beantwortung fordert. Ich glaube nicht, daß der individuelle Heiduck dazu imstande gewesen wäre, konnte er doch kaum jemals dem sozialen und kulturellen Gefüge, das ihn und sein Volk einschloß, entkommen. Versuchen wir also, in Kürze ein Porträt des Heiducken zu skizzieren.

Vor allem hält er sich für einen Freien – und als solcher mit Herren oder Königen gleichberechtigt. In diesem Sinne persönlich emanzipiert, erlangt er eine gewisse Überlegenheit. Die *Klephten* am thessalischen Olymp, die einen angesehenen Herrn Richter gefangengenommen hatten, brüsteten sich, Königen ebenbürtig zu sein, und sie wiesen bestimmte Umgangsformen als »unköniglich« und deswegen als unstatthaft zurück. Desgleichen die Badhaken Nordindiens, die behaupteten: »Unser Beruf war ein königliches Gewerbe«, und sich – zumindest theoretisch – den Verpflichtungen der Ritterlichkeit unterwarfen; so etwa vermieden sie es, Frauen zu beleidigen oder in ungleichem Kampf zu töten. Wir können aber als sicher annehmen, daß sich nur ganz wenige Heiducken solche edle Kampfsitten leisten konnten. Freiheit bedeutet zugleich auch Gleichheit der Heiducken untereinander, wofür es einige eindrucksvolle Beispiele gibt. Als beispielsweise der König der Provinz Oudh ein Badhakenregiment aufstellen wollte – ungefähr so wie russische oder österreichische Herrscher Kosaken- oder Heiduckenregimenter aufbrachten –, kam es zur Meuterei, weil sich die Offiziere geweigert hatten, die gleichen Dienstleistungen wie die Untergebenen zu verrichten. Ein solches Verhalten ist an und für sich schon ungewöhnlich genug, doch mutet es nachgerade unglaublich an, wenn es in einer Gesellschaft vorkommt, die so ganz und gar von Ungleichheitsprinzipien durchdrungen ist wie die indische Kastengesellschaft.

Waren die Heiducken auch stets freie Männer, so handelte es sich im Falle des Heiduckentums auf dem Balkan dennoch nicht um freie *Gemeinschaften*. Die *četa* oder Bande war nämlich im wesentlichen eine Vereinigung von Individuen, die sich freiwillig zusammenschlossen und von den eigenen Verwandten trennten, sie war aber zugleich eine abnorme soziale Einheit, denn weder gehörten ihr Frauen und Kinder an, noch hatte sie eigenes Land. Oftmals war sie gewissermaßen »doppelt unnatürlich«, und zwar darum, weil dem Heiducken die Rückkehr ins gewöhnliche Leben innerhalb seines Geburtsdorfes nicht selten von den Türken versperrt wurde. Heiduckenballaden besingen Männer, deren Schwert ihre einzige Schwester, deren Gewehr ihre Frau war und die einander schweigend und traurig die Hand drückten, ehe sie sich wie Verlorene in alle Windrichtungen zerstreuten, wenn sich ihre *četa* aufgelöst hatte. Sie gingen keine Ehe ein, sie gingen in den Tod. Die Balladen nennen ihn denn auch die »Hochzeit« der Heiducken. Normale Formen sozialer Organisation waren ihnen also nicht möglich, so wenig wie den Soldaten, wenn sie einen Feldzug unternehmen müssen, und anders als die großen Marodeurbanden der *krdshali* gegen Ende des 18. und Anfang des 19. Jahrhunderts, die nach türkischer Sitte einen aus Männern und Frauen bestehenden Harem mit sich führten, unternahm man keinen Versuch, eine Familie zu gründen, solange man Heiduck war; vielleicht deshalb, weil eine *četa* eine zu kleine Einheit war, um Frauen und Kinder beschützen zu können. Falls es dafür irgendein Modell sozialer Organisation gegeben hat, so waren es die Männerbünde oder Bruderschaften, deren bekanntestes Beispiel die berühmten Saporoger Kosaken gewesen sind.

Diese Anomalie wird in der Beziehung der Heiducken zu Frauen deutlich. Ebensowenig wie andere Banditen hatten sie gegen Frauen irgendwelche Abneigungen, ganz im Gegenteil. So heißt es in einem vertraulichen Bericht, der sich auf einen Komitadschi-Führer aus dem Jahre 1908 bezieht: »Wie beinahe alle Woiwoden ist er ein großer Frauenheld.« [40] Bisweilen schlossen sich junge Mädchen den Heiducken an – seltsamerweise dürften manche von ihnen bulgarische Jüdinnen gewesen sein, wie in den Balladen angedeutet –, und gelegentlich wurde die eine oder andere Bojana, Jelenka, Todorka sogar Woiwodin. Nach einem kurzen, zeremoniellen Abschied kehrten einige wieder ins geordnete Leben zurück und heirateten:

> *Penka zog in die Berge,*
> *Dort waren die Heiducken,*
> *Sie wollte ihnen Geschenke bringen,*
> *Denn die Zeit ihrer Hochzeit war da:*
> *Jedem Soldaten gab sie ein Stück Tuch*
> *Und in jedem Tuch ein Goldstück,*
> *Den Heiducken zur Erinnerung,*
> *Als sich Penka vermählte. [41]*

Es hat allerdings den Anschein, daß jene Ausreißerinnen sich wie Männer benahmen: solange sie ihr Heiduckenleben führten, trugen sie Männerkleider und kämpften auch wie Männer. Die Ballade erzählt vom Mädchen, das nach Hause zurückkehrte und die Rolle einer Frau spielen wollte, weil ihre Mutter sie dazu gedrängt hatte, doch fand sie dann ein solches Leben unerträglich, legte die Spindel beiseite, griff wieder zum Gewehr und wurde neuerlich Heiduck. Gewann ein Mann mit der Freiheit den Status eines Adligen, so errang sich die Frau den Status eines Mannes. Solange ein Heiduck in den Bergen lebte, vermied er allerdings – zumindest in der Theorie – die sexuelle Beziehung zu Frauen. Die Balladen der Klephten betonen beharrlich, wie frevelhaft es sei, eine Gefangene zu berühren, die man zur Erpressung von Lösegeld oder aus sonstigen Gründen in Gewahrsam genommen hat. Sowohl die griechischen als auch die bulgarischen Banditen waren überzeugt, wer immer sich an einer Frau vergriffe, würde gewiß seine Freiheit verlieren, und zwar stünden ihm Marter und Tötung durch die Türken bevor. Solcher Aberglaube ist sehr bezeichnend, selbst wenn die Banditen (wie wir wohl annehmen können) sich in der Praxis auch nicht daran hielten [42]. Man weiß, daß es auch in anderen als den Banden der Heiducken Frauen gegeben hat, doch war es eine Seltenheit. Lampião scheint der einzige brasilianische Bandenführer gewesen zu sein, der Frauen die Teilnahme am Brigantenleben gestattet hat; und zwar vermutlich erst, nachdem er sich in die schöne Maria Bonita verliebt hatte. Diese – in den Balladen viel besungene – Affäre wurde als außergewöhnlich vermerkt.

Weil das Heiduckenleben so wie irgendein gewöhnliches Räuberdasein dem Rhythmus der Jahreszeiten folgte, waren die den Heiducken auferlegten Entbehrungen nicht übermäßig. Im 18. Jahrhundert schrieb ein Deutscher über die dalmatinischen Morlaken: »Sie haben das Sprichwort *Jurwew dance, Aiducki sastance,* der Georgitag kommt, Heiducken sammelt euch (weil alsdann die Räubereien durchs grüne Laub und durch die Menge von Reisenden begünstigt werden).« [43] So begruben die bulgarischen Heiducken ihre Waffen am Tag der Kreuzerhöhung im September und nahmen sie erst wieder am St.-Georgs-Tag im März auf. Was hätten sie denn im Winter damit anfangen sollen, wenn es außer den Dorfbewohnern niemanden gab, den man hätte ausrauben können? Die Kühnsten und Abgehärtetsten mochten zwar Vorräte in ihre Höhle in den Bergen mitnehmen, man konnte jedoch in einem befreundeten Dorf weit angenehmer überwintern. Da sang man denn Heldenlieder und trank. War es ein schlechtes Jahr gewesen – was gab es denn auf den Nebenstraßen in Mazedonien oder der Herzegowina selbst in der besten Zeit zu rauben? –, so konnte man vielleicht sogar bei reichen Bauern in Dienst treten. Vielleicht kehrte man aber auch zu den eigenen Verwandten zurück, denn es gab in manchen Hochlandgegenden »wenige große Familien, von denen nicht einige Mitglieder unter die Heiducken oder Räuber des Gebirges gegangen wären«. [44] Das Leben der Banditen in einer strengen Bruderschaft, wo man keine andere Bindung anerkannte als jene eines »wirklichen und einigen Bundes von Gefährten«, spielte sich nur während der Jahreszeiten ab, in denen man auf Streifzüge auszog.

So verbrachten die Heiducken ihr wildes und freies Leben in den Wäldern und den Berghöhlen oder auf den weiten Steppen, bewaffnet mit Gewehren, »so groß wie der ganze Mann«; mit zwei Pistolen im Gürtel, einem türkischen Säbel und mit den »scharfen fränkischen Klingen«. Sie trugen einen betreßten Waffenrock, reichlich verziert und mit Patronengurten kreuzweise überhängt, und wilde Schnurrbärte. Sie waren sich ihrer Berühmtheit bei Freund und Feind bewußt. Die Mythologie des Heroismus und die Ritualisierung durch Balladen verwandelten sie in ausgesprochene Typen. So wissen wir wenig oder nichts über Nowak und seine Söhne Grujo und Radivoj, über Mihat, den Hirten, oder über Rado von Sokol, Bujadin, Iwan Visnic und Luka Golowran. Wir wissen nur, daß sie berühmte bosnische Heiducken des 19. Jahrhunderts gewesen sind, denn jene, die sie besangen (einschließlich der Banditen selbst), mußten ihr Publikum über die Lebensweise bosnischer Bauern und Hirten gar nicht erst aufklären. Der dichte Nebel heroischer Anonymität verbirgt sie, so daß nur selten ein persönliches Heiduckenschicksal teilweise in das Licht der Geschichte tritt.

Einer, der in das Licht der Geschichte trat, war der Woiwode Korčo. Sein Vater war Schafhirte aus der Umgebung der mazedonischen Stadt Strumica, stand in Diensten eines türkischen Begs und wurde von diesem eingekerkert, nachdem die Schafherde an einer Epidemie zugrunde gegangen war. Daraufhin ging der Sohn in die Berge, um den Beg unter Druck zu setzen; es war vergeblich, der Alte starb im Gefängnis. Korčo stand an der Spitze einer Heiduckengruppe und nahm einen jungen türkischen »Edelmann« gefangen, brach ihm Arme und Beine, schlug ihm den Kopf ab und zog dann mit dieser Trophäe auf der Lanzenspitze durch Christendörfer. Korčo war dann zehn Jahre lang Heiduck, bis er ein paar Maultiere erstand, seinen Waffenrock mit der Kaufmannstracht vertauschte und – wenigstens aus der Welt heroischer Erinnerungen – für weitere zehn Jahre verschwand. Danach erschien er an der Spitze von dreihundert Mann (wir stellen über die runden Zahlen nationaler Epen lieber keine genauen Untersuchungen an). Er stand nun in Diensten des gefürchteten Pasvan, eines Gegners der Hohen Pforte, der die wilden *krdshali*-Formationen gegen die loyaleren Staatsdiener des Sultans anführte (Osman Pasvanoglu, ein mohammedanischer Bosniak, wurde später Pascha von Vidin). Bald trat Korčo aus den Diensten Pasvans wieder aus und zog selbständig gegen Strumica. Er nahm die Stadt im Sturm, nicht nur, weil Städte den bäuerlichen Heiducken verhaßt sind und deren Mißtrauen erregen, sondern weil sich innerhalb der Mauern dieser Stadt jener Beg verborgen hielt, der am Tod von Korčos Vater schuld war. Der Beg wurde getötet, die Bevölkerung von Strumica massakriert. Dann kehrte Korčo nach Vidin zurück. Geschichte beziehungsweise Legende verlieren von nun an jede Spur Korčos. Da die *krdshali* ihre Zeit ungefähr zwischen 1790 und 1810 hatten, läßt sich seine Laufbahn immerhin annähernd datieren. Seine Geschichte wurde von Panaiot Hitow überliefert.

Ihre Existenz war ihre eigene Rechtfertigung. Sie bewies, daß Unterdrückung durchaus nicht allgemein war und daß es für Unterjochung Rache geben konnte. Deshalb identifizierten sich denn auch Bauern und Hirten mit den Heiducken ihrer Gegend, welche ja deren Heimatbezirk war. Wir müssen nicht glauben, daß Heiducken ihre ganze Zeit mit Kämpfen zubrachten, und schon gar nicht, daß sie versuchten, die Unterdrücker zu stürzen. Daß Banden von Freien bestanden und daß es ein kleines Gebiet gab – felsig oder mit Rohr bewachsen –, wo Verwaltungsarme nicht hinzulangen vermochten, war Leistung genug. Jene so stolz als »Agrapha« bezeichneten Berge der Griechen (die »Ungeschriebenen«, weil es niemandem je gelungen war, die für Steuerzwecke nötigen Bevölkerungslisten aufzustellen) waren zwar nicht dem Gesetz nach frei, aber in der Praxis unabhängig. Die Heiducken gingen auf Beutezüge aus, und ihr Gewerbe brachte es mit sich, daß sie die Türken bekämpften oder an etwaige sonstige Repräsentanten der Obrigkeit gerieten, deren Aufgabe es war, Güter und Schätze auf Transporten durch das Land zu bewachen. Daß Heiducken einen Türken mit besonderer Genugtuung töteten, steht wohl außer Zweifel, betrachtete man sie doch als ungläubige Hunde und als Unterdrücker rechtschaffener Christen. Vielleicht war man aber auch deswegen so stolz, weil kämpfende Männer um so heldenhafter werden, je gefährlicher ihr Widersacher ist, dessen Kühnheit den eigenen Mut stärkt. Indes spricht nichts dafür, daß etwa die Balkanheiducken zur Befreiung ihres Landes vom Joch türkischer Besetzung ausgezogen wären oder solches gar in ihrer Macht gestanden hätte.

In Zeiten, die dem Volk Not brachten und die Obrigkeit in Krisen stürzten, vermehrten sich Heiducken und ihre Banden natürlich sehr; ihre Unternehmungen wurden kühner und zahlreicher. Die Anweisungen der Regierung zur Ausrottung des Banditentums wurden dann viel energischer als bisher, die Entschuldigungen der örtlichen Verwalter immer offener und lauter, die Stimmung in der Bevölkerung immer angespannter. Im Gegensatz zur seuchenartigen Verbreitung des gewöhnlichen Banditentums, die wir im nachhinein nur deshalb für den Vorläufer einer Revolution halten, weil sie ihr vorausgegangen ist, waren Heiducken nicht nur Symptom der Unruhe, sondern Mittelpunkt, um den sich potentielle Befreier scharten, und als solcher wurden sie vom Volk auch angesehen. War die Zeit erst reif geworden, so würde sich die »befreite Gegend« der chinesischen Banditen von einem der Berge des Liang Schan P'o aus (wo sie im bekannten chinesischen Räuberroman ihr

Lager aufgeschlagen haben) zu vergrößern beginnen, erst einen Bezirk umfassen, dann eine ganze Provinz; ein Mittelpunkt, von dem eine Kraft ausging, die schließlich den Himmelsthron zum Schwanken bringen sollte. Die Scharen streunender Banden geächteter Plünderer und die Kosaken an der unruhigen Grenze zwischen Staat und Leibeigenschaft einerseits und unbesiedelten Gebieten und der Freiheit andrerseits würden sich vereinigen, sie würden die großen Bauernaufstände anstiften und anführen, welche die Wolga aufwärts ausbrachen; Revolten unter der Führung eines kosakischen Thronprätendenten des Volkes oder eines Befreiers im Namen des guten Zaren, der gegen den bösen Zaren ins Feld zieht. Mit besonderem Interesse würden die javanischen Bauern der Geschichte von Ken Angrok lauschen, die von einem Räuber erzählt, welcher der Begründer des Fürstenhauses von Modjopait gewesen ist. Sind die Zeichen günstig und die hundert Tage, in denen der Mais heranreift, vorbei, so ist die rechte Zeit gekommen; vielleicht ist dies der Moment, wo das Millennium der Freiheit – verborgen, aber stets erwartet – beginnen soll. Banditentum verschmilzt mit Bauernrevolte oder Revolution. Heiducken, in leuchtenden Röcken und mit gefährlichen Waffen ausgerüstet, mögen ihre Soldaten sein.

Bevor wir jedoch die Rolle des Banditentums in einer Bauernrevolution näher untersuchen können, müssen wir die wirtschaftlichen und politischen Faktoren betrachten, durch die sich Banditen im Gefüge der bestehenden Gesellschaft zu halten vermögen.

6. Wirtschaft und Politik
des Banditentums

Seltsamerweise kommt man nach fortgesetzten Beobach-
tungen und Untersuchungen immer wieder zu einem Schluß:
alle Banditen sind besitzlos und beschäftigungslos. Was
ihnen trotzdem gehören mag, ist ihr persönliches Gut und
stammt aus ihren verwegenen Abenteuern.
(J. Usang Ly, ›An economic interpretation of the increase
of bandits in China‹; Journal of Race Development 8,
1917–18, S. 370)

Eine Räuberbande steht außerhalb jener Sozialordnung, die
den Armen Fesseln anlegt. Sie ist eine Bruderschaft von
Freien und nicht eine Gemeinschaft von Untertanen. Trotzdem wird sie nicht auf Grund einer bloßen Entscheidung
aus der Gesellschaft austreten können. Ihre Bedürfnisse und
Aktivitäten, ja, ihre bloße Existenz setzen sie vielmehr mit
dem üblichen sozioökonomischen und politischen System
in Beziehung. Aber gerade dieser Aspekt des Brigantentums wird gewöhnlich übersehen. Er erfordert einige Er-
örterung, da er gewiß nicht unwichtig ist.
Betrachten wir zuerst die wirtschaftlichen Verhältnisse des
Banditentums. Räuber müssen essen und sich mit Waffen
und Munition versorgen, sie müssen geraubtes Geld wieder
ausgeben und ihre Beute verkaufen. Es ist durchaus wahr,
daß sie im einfachsten Fall nicht mehr brauchen als die örtlichen Bauern oder die Hirten: die in der Gegend produzier-
ten Nahrungsmittel, Getränke und Kleider. Vielleicht be-
gnügen sie sich damit, wenn sie, ohne selbst die Arbeit des
einfachen Mannes verrichten zu müssen, diese Gegenstände
in großer Menge erlangen können. »Keiner verweigert ihnen
etwas«, sagte ein brasilianischer Landbesitzer. »Das wäre
nur unklug. Man gibt ihnen Proviant, Kleider, Zigaretten
und Alkohol. Wozu sollten sie Geld brauchen? Was wür-

THE JAMES BOYS
and their Band of
Bank and Train Robbers.

Die berühmten Brüder *James* als Helden populärer Belletristik (Chicago 1892). Ihre Gewohnheit, Züge zu überfallen, mag nicht unwesentlich zur Verbreitung ihres Ruhmes beigetragen haben.

Zusammen mit seinem Bruder Frank (1843–1915) war *Jesse James* (1847–1882) der berühmteste Träger der Sozialbanditenrolle in den USA. In Missouri geboren und gestorben, gründete er seine Bande nach dem Bürgerkrieg (1866).

Oben: Jesse James
als Teil des Wild-
West-Mythos.
Henry Fonda in
Henry Kings Film
»Jesse James«
(1939).

Links: Lampião
(1898?–1938), der
große Banditenheld
Brasiliens. – Titel-
seite des ersten
Teiles einer drei-
teiligen Vers-
romanze, die im
Nordosten Brasiliens
verfaßt wurde und
in der gigantischen
Industriestadt
São Paulo 1962
erschienen ist.

Oben: Nationaler
Banditenmythos,
von Intellektuellen
verbreitet:
»O Cangaçeiro«
(brasilianischer
Film, 1953). Die
geschmückten Leder-
hüte mit den hoch-
geklappten Krem-
pen sind orts-
typisches Gegen-
stück zum
Sombrero.

Rechts: Der berühmte
Brigant als General
der Revolution:
Pancho Villa
im Jahre 1913
(geboren 1877 in
Durango, gestorben
1923 in Chihuahua).

den sie damit tun? Höchstens die Polizei bestechen.« [45] Die meisten Banditen, die wir kennen, leben jedoch in einer Geldwirtschaft, selbst wenn dies auf die sie umgebende Bauernschaft nicht zutrifft. Wo und wie kommen sie zu ihren »Röcken mit fünf Reihen vergoldeter Knöpfe«? Woher kommen die Gewehre, Pistolen und Patronengurte, die legendären »Damaszenerklingen mit vergoldetem Griff«, deren sich serbische Heiducken und griechische Klephten sehr häufig, ohne groß zu übertreiben, gerühmt haben?*

* Folgendes Inventar stellte die Polizei von der Ausrüstung Lampiãos auf (Brasilien 1938):
Hut: Leder, Hinterwäldlerstil, mit sechs Davidsternen verziert; lederner Kinnriemen, 46 cm lang, mit 50 goldenen Schmuckstücken unterschiedlicher Herkunft verziert; Kragen- und Manschettenknöpfe, rechteckige Plaketten, in welche die Worte Erinnerung, Freundschaft, Heimweh etc. eingraviert sind; Ringe mit Edelsteinen; ein Ehering mit dem Namen »Santinha«. An der Vorderseite des Hutes ein Lederstreifen 4 mal 22 cm mit folgenden Verzierungen: zwei Goldmedaillen mit Inschrift »Der Herr sei Dein Führer«, zwei Golddukaten, ein altes brasilianisches Goldstück mit dem Abbild Kaiser Pedros II., zwei noch ältere Goldstücke (1776 und 1802). Ein ebensolcher Lederstreifen auf der Hinterseite des Hutes, dekoriert wie folgt: zwei Goldmedaillons, ein Diamant mit klassischem Schliff, vier andere Diamanten mit modischem Schliff.
Gewehr: Brasilianisches Armeegewehr, Mauser 1908 Nr. 314/B. Riemen mit 7 Silberkronen kaiserlich-brasilianischer Prägung und 5 weiße Metallplättchen. Sicherung gebrochen, verstärkt durch ein Aluminiumstück.
Messer: Stahl, 67 cm lang, Griff mit 3 Goldringen verziert, Patronenspuren an der Klinge; Scheide aus Leder, nickelplattiert, gleichfalls Durchschußspur.
Patronentasche: Leder, verziert; kann bis 121 Schuß für Mauser oder Muskete enthalten; Pfeifchen, an Silberkette befestigt; Einschußloch an der linken Seite.
Provianttaschen: zwei Stück, reich bestickt. Stickereien in hellen Farben; drei Knöpfe verschließen den einen Sack (zwei Goldknöpfe, einer aus Silber), den anderen Sack verschließt bloß ein einziger Silberknopf; Tragriemen mit schweren Silberknöpfen.
Halstuch: rote Seide, bestickt.
Pistole: Parabellum Nr. 97. Modell 1918, Halfter, schwarz lackiert, sehr abgegriffen.
Sandalen: ein Paar, wie sie gewöhnlich mit Sertão getragen werden, ganz ausgezeichnete Qualität und Verarbeitung.

Was tun die Banditen mit dem gestohlenen Vieh und mit den Waren der reisenden Kaufleute? Sie verkaufen sie und kaufen dafür etwas anderes. Da sie gewöhnlich über weit mehr Bargeld verfügen als die ortsansässigen Bauern, bedeuten ihre Ausgaben ein wichtiges Element für die lokale Wirtschaft, und über Geschäftsleute der Gegend, Wirte und andere Personen erreicht ihr Kapital die mittleren Handelsschichten der Agrargesellschaft. Da Banditen anders als die Besitzenden ihr Geld nicht aus der Gegend abziehen und weil sie stets viel zu stolz und zu großzügig sind, lange zu feilschen, beschleunigen sie den Bargeldverkehr. 1930 sagte man denn auch: »Der Händler verkauft an Lampião um den dreifachen Preis.«

Dies alles bedeutet, daß die Banditen auf Mittelsmänner angewiesen sind, welche sie nicht bloß mit der lokalen Wirtschaft, sondern auch mit einem weitergespannten Handelsnetz verbinden. So wie Pancho Villa müssen sie auf zumindest eine befreundete Hazienda zählen können, die jenseits ihrer Berge liegt und wo ihnen das Vieh ohne lästige Fragen abgenommen oder zum Verkauf übernommen wird. Wie tunesische Halbnomaden mögen sie bestimmte Arrangements institutionalisieren, um gestohlenes Vieh durch ortsansässige Mittelsmänner, durch Wirte und Händler gegen eine »Entschädigung« zurückzugeben. Da nähern sich diese Leute den Bestohlenen und bringen ihnen auf eine Art, die jedem Betroffenen unmißverständlich klar ist, bei, daß sie jemanden kennen, der die verlaufenen Tiere »gefunden« hat und nichts sehnlicher wünscht, als daß der Eigentümer sie wiederbekomme. Wie viele Gruppen der Dakaiten, so nehmen auch andere Banditen Geld für größere Unternehmen bei Geldverleihern oder Händlern im eigenen Operationsgebiet auf. Sie berauben aber auch reiche Karawa-

Waffenrock: Blau, mit drei Offiziersstreifen an den Ärmeln.
Decken: 2 Stück, bedruckter Kattun, mit Baumwolle eingefaßt.
Inventar der Habseligkeiten des Banditen Lampião, aufgenommen von der Polizei in Bahia 1938. (M. I. Pereira de Queiroz, *Os Cangaçeiros,* S. 9–10)

nen im Auftrage jener, von denen sie Nachrichten über den Transport erhalten. Wo Banditen darauf spezialisiert sind, Handelstransporte zu überfallen – und alle klugen Briganten tun dies, wenn sie das Glück haben, in der Nähe großer Handels- und Verbindungswege zu leben –, so benötigen sie Informationen über bevorstehende Sendungen und Konvois und werden kaum ohne irgendwelche Vorkehrungen auskommen können, um später die Beute loszuschlagen; dabei kann es sich auch um Arrangements handeln, für die in der Gegend sonst kein Bedarf besteht. Und es ist leicht einzusehen, daß auch Kidnapper-Banden, die Lösegeld fordern, bestimmte Mittelsmänner benötigen.

Somit wäre es irrig, Banditen als echte Naturkinder anzusehen, die im grünen Wald Hirsche braten. Erfolgreiche Bandenführer haben mindestens ebenso enge Beziehungen zum Markt und der weiteren wirtschaftlichen Umwelt wie mittlere Gutsbesitzer oder erfolgreiche Farmer. Tatsächlich ist es denn leicht möglich, daß in wirtschaftlich rückständigen Gegenden sein Geschäft den Banditen in enge Beziehungen zu jenen bringt, die reisen, handeln und einkaufen. Rinder- und Schweinehändler auf dem Balkan konnten sehr wohl ihre Gewinne verdoppeln, wenn sie Banditenführer waren, so wie sich in vorindustriellen Zeiten manch ein Handelskapitän als Pirat versuchte (oder umgekehrt), selbst wenn er nicht die guten Dienste der Regierungsstellen beanspruchte und sich in einen Freibeuter, d. h. einen »legitimen Piraten« verwandelte. Die Geschichte der Balkanbefreiung ist reich an Beispielen von Viehhändlern, die sich als Bandenführer einen Namen gemacht haben; Serbiens Schwarzer Georg etwa, oder Kolokotrones in Griechenland. Und wie wir sahen, sind auf dem Balkan auch Heiducken, die »Händlertracht anlegen« und dann ihre Geschäfte spinnen, keine Seltenheit. Wenn im Inneren Siziliens oder auf Korsika die »Starken vom Lande« sich in Mafiosi verwandeln, die als Unternehmer und Geschäftsleute so gut wie irgendwer die Möglichkeiten internationalen Drogenhandels oder

der Luxushotellerie erkennen, sind wir erstaunt, doch ist der Viehdiebstahl eine Beschäftigung, welche die wirtschaftliche Umsicht eines Bauern schult, bringt es ihn doch mindestens mit jenen in Verbindung, die weitblickender sind als er selbst.

Dennoch ist der Bandit vom wirtschaftlichen Standpunkt keine besonders interessante Gestalt, und obwohl er in Lehrbüchern der Wirtschaftswissenschaft ein oder zwei Fußnoten vielleicht zu Recht verdient, stehen ihm kaum mehr als eben diese zu. Er trägt zur Akkumulation lokalen Kapitals bei, welches sich fast stets eher in den Händen seiner Parasiten befindet, als daß es zu seiner freien Verfügung stünde. Wo er Transithändler beraubt, hat er vielleicht eine ähnliche Wirkung wie anderswo der Fremdenverkehr, der gleichsfalls sein Einkommen von Fremden bezieht. Unter solchem Aspekt mögen die Briganten Sardiniens und jene, die Karim Aga Khans Costa Smeralda ausbauen, wirtschaftlich analoge Phänomene sein.* Doch ist dies auch schon alles. Die wahre Bedeutung der ökonomischen Beziehungen des Banditen liegt woanders, nämlich in der Erhellung seiner Stellung innerhalb der Agrargesellschaft.

Entscheidend für die soziale Situation des Banditen ist seine Zwitterstellung. Der Bandit ist Außenseiter und Rebell, ein Armer, der die normale Rolle der Armut zu spielen nicht gewillt ist, ein Mensch, der seine Freiheit mittels jener einzigen Möglichkeiten errichtet, die einem Armen gegeben sind: Stärke, Tapferkeit, Schlauheit und Entschlossenheit. Da-

---

* Auch für die begrenzte Wirkung auf die Wirtschaft der Umgebung trifft diese Analogie zu. Wo nämlich die lokale Wirtschaft von den Enklaven des Tourismus durch besonders tiefe Gräben getrennt ist, wird das Touristenkapital sehr schnell wiederum abgezogen werden, weil es dem Touristenkonsum dient: luxuriöse Motorboote, Champagner oder Wasserskier müssen in fremder Währung gekauft werden. Analog dazu kauft ein Brigant, der in seiner Gegend durchreisende Händler beraubt, Juwelen, Munition und auffallend verzierte Säbel mittels geraubten Geldes, oder er lebt in der Stadt auf großem Fuß; davon profitiert die Wirtschaft seiner Gegend kaum.

durch steht er den Armen nahe. Er ist ja einer von ihnen. Zugleich bringt es ihn in Gegensatz zur Hierarchie von Macht, Reichtum und Einfluß, welcher er ja nicht angehört. Als bäuerlicher Brigant wird er kein »Edelmann« werden können, denn in Gesellschaften, wo das Banditentum floriert, gibt es kein Avancement aus unteren Gesellschaftsschichten in die oberen Stände. Dabei ist der Bandit jedoch unvermeidlich ins Netz von Macht und Besitz verstrickt, kommt er doch im Gegensatz zu den anderen Bauern zu Reichtum und Macht. So ist er denn »einer von uns«, der dauernd auf dem Weg »zu ihnen« hin ist. Je erfolgreicher er als Bandit ist, um so eher ist er *sowohl* Repräsentant und Held der Armen *als auch* Glied im System der Reichen.

Gewiß sind die Isolation der Agrargesellschaft, die Dürftigkeit und Zufälligkeit der Beziehungen, die Größe des Gebietes, in dem der Bandit tätig ist, sowie auch die allgemeine Primitivität des ländlichen Lebens dazu angetan, ihm die Trennung seiner Rollen zu erleichtern. Sein Gegenstück in den überbesiedelten Slums der Zuwandererstädte, nämlich der lokale Gangster oder politische Chef (auch er steht ja in gewisser Hinsicht auf seiten der Armen und in Gegensatz zu den Reichen, gibt er doch jenen, was er diesen geraubt hat), ist weit weniger ein Rebell und Außenseiter des Gesetzes, sondern vor allem ist er ein Chef, dessen Beziehungen zu Zentren öffentlicher Macht und zum Reichtum (beispielsweise zum »Rathaus«) evident sind – möglicherweise sind diese Beziehungen das einzig »Evidente«. Der bäuerliche Bandit mag völlig außerhalb des »Systems« stehen. Was ihn an die Welt außerhalb des Banditentums bindet, mögen vielleicht nur Verwandtschaftsbeziehungen und die Zugehörigkeit zu seiner örtlichen Gemeinde sein. Das heißt, er gehört anscheinend ganz und gar einer unabhängigen Unterwelt an, in der Bauern leben und in die nur sporadisch die Besitzenden und die Regierung, Polizei, Steuereintreiber oder fremde Besatzer eindringen, während es andrerseits den Anschein hat, als wären seine Beziehungen zu den Zentren von Macht und Reichtum, die er als Anführer einer freibeweglichen und unabhängigen Bande hat, von der Art, wie sie zwischen souveränen Gesellschaften bestehen – ohne seinen Status in irgendeiner Weise zu beeinträchtigen. (Genausowenig wie sich irgend etwas am revolutionären Status von Castros Kuba ändert, wenn es mit Großbritannien in Handelsbeziehungen tritt.) So leicht entkommt der Bandit der Logik eines Gesellschaftssystems von Herrschaft und Ausbeutung indes nicht.

Grundlegendes Faktum des Banditentums ist nämlich – ganz abgesehen von der Notwendigkeit, geschäftliche Verbindungen zu haben –, daß die Banditen ein Kern bewaffneter Macht sind und deswegen auch eine politische Gewalt darstellen. Vor allem wird das herrschende System bemüht sein, eine Einigung mit den Banditen zu erzielen. Wo es keinen regelrechten oder effektiven Apparat zur Aufrechterhaltung der öffentlichen Ordnung gibt – und wo das Banditentum floriert, ist dies eigentlich per definitionem der Fall –, hat es kaum viel Sinn, sich mit dem Ersuchen um Schutz an die Obrigkeit zu wenden. Solch ein Appell ist um so sinnloser, als man dadurch vermutlich Expeditionstruppen herbeirufen würde, die das Land noch ärger verwüsten, als dies die lokalen Banditen tun:

»Ich habe lieber mit Banditen als mit der Polizei zu tun«, sagte ein brasilianischer Gutsbesitzer um 1930. »Die Polizei ist ein Haufen von ›Hundetötern‹; sie kommen aus der Hauptstadt und glauben, im Hinterland gewähre ein jeder den Banditen Schutz. Sie glauben, wir kennten alle Schleichwege, und sie lassen es sich vor allem angelegen sein, Geständnisse zu bekommen ... Wenn wir sagen, wir wissen nichts, dann schlagen sie uns, machen wir aber irgendwelche Aussagen, so schlagen sie uns auch, denn dadurch sei unser Kontakt zu den Banditen bewiesen ... Der Bewohner des Hinterlandes zieht stets den kürzeren . . . – Und die Banditen? – Ah, die Banditen benehmen sich eben wie Banditen.

Aber Achtung!, man muß wissen, wie man mit ihnen umzugehen hat, sonst gibt es Scherereien. Abgesehen von den wenigen wirklich Grausamen, sind sie jedoch ungefährlich, solange ihnen nicht die Polizei auf den Fersen ist.« [46]

In derlei Gegenden hat man schon längst gelernt, diplomatische Beziehungen zu den Briganten aufzunehmen, falls man auf einem in Einsamkeit isolierten Gut lebt. In den Memoiren mancher Damen wird heraufbeschworen: als sie noch Kinder waren, wurden sie in überstürzter Eile fortgebracht, wenn bei Einbruch der Dunkelheit irgendwelche Bewaffnete zur Hazienda kamen, die vom Herrn des Hauses höflich begrüßt und, nachdem man ihnen Gastfreundschaft gewährt hatte, wieder unter Höflichkeitsbekundungen hinauskomplimentiert wurden, wo sie dann ihre geheimnisvolle Wanderschaft fortsetzten. Was denn hätte man tun sollen?

Wo das Banditentum größere Ausmaße annimmt und sich durchgesetzt hat, muß ein jeder mit den Banditen ins reine kommen, welche dadurch in gewisser Hinsicht dem etablierten System integriert werden. Die Bekehrung von Wilddieben zu Wildhütern ist sicherlich ein Idealfall, doch tritt er gar nicht so selten ein. Großgrundbesitzer oder der Zar schenkten den Kosaken Land und verliehen ihnen Privilegien, damit sie ihre Raubzüge aufgäben und statt dessen Territorium und Interessen ihrer Herren wahrten. In den dreißiger Jahren des 19. Jahrhunderts wurde »ein ehemaliger Schausteller, der Affen vorgeführt hatte, zum Robin Hood von Gwalior«. Dieser Badhakenführer namens Gadscharadsch »hatte sich als ein solch schrecklicher Mann erwiesen, daß ihn der Provinzpräfekt zum Wächter der Fähren über den Tschambal, die sogenannten Ghats, bestellte; ein Auftrag, den er sehr erfolgreich ausführte«. Ein anderer berühmter zentralindischer »Räuberstamm« waren die Minas, der »Schrecken von Alwar«, doch gab man ihnen in Dschaipur pachtfreies Land; sie waren dafür verpflichtet, Transporte wertvoller Waren zu eskortieren, und in der

Folge war ihre Fürstentreue weithin berühmt. In Indien sowohl wie in Sizilien waren die Berufe der Flur-, Dorf- und Tierhüter mit der Banditentätigkeit nicht selten vertauschbar. Die Ramosi, eine kleine Dakaitengemeinde im Distrikt Bombay, erhielten Land, diverse Sporteln sowie das Recht, von Reisenden Gebühren zu erheben, während sie selbst für den Schutz und die Sicherheit der Gegend zu sorgen hatten. Welch besseren Schutz gegen unkontrolliertes Brigantentum anstatt derartiger Vorkehrungen kann es geben? [47]

In einer von Banditen heimgesuchten Gegend hat man oftmals keine andere Wahl als derlei stillschweigende oder offiziell legitimierte Vorkehrungen. Lokale Behörden, die ihren Pflichten in Ruhe und ohne Aufsehen nachkommen wollen – und welcher Beamte möchte dies nicht? –, werden mit den Banditen Kontakt halten und Einigung herbeizuführen suchen, damit nicht jene peinlichen Zwischenfälle vorkommen, durch welche der Bezirk in unangenehmes Gerede kommt und übergeordnete Stellen ihre Beamten für unqualifiziert anzusehen beginnen. Deshalb werden auch in den von Banditen stark heimgesuchten Gegenden die Unternehmungen gegen das Brigantentum so häufig von Spezialgruppen durchgeführt, die von außen kommen. Die Handeltreibenden der Gegend treffen ihre eigenen Vorkehrungen und Absprachen zum Schutz ihrer Geschäfte, und sogar die lokale Exekutive – Soldaten und Polizei – sucht durch offene oder stillschweigende Abkommen kriminelle Unruhe auf einem Minimum zu halten, welches noch nicht die Aufmerksamkeit der Hauptstadt erregt. Das läßt dem Banditentum einen ansehnlichen Spielraum, denn das Auge der Zentralregierung dringt in vorindustriellen Tagen nicht allzutief in das Gestrüpp der Agrargesellschaft ein, solange ihre eigenen Interessen nicht gefährdet sind.

Für lokale Behörden und Besitzende besteht nicht bloß eine allgemeine Notwendigkeit, mit den Banditen zur Einigung zu gelangen, sondern in manchen vorkapitalistischen Agrargesellschaften verfolgt man damit ganz bestimmte Interessen. In Gebieten, die von vorindustriellen Gutsbesitzern beherrscht werden, ist die Politik auf Rivalitäten und Beziehungen führender Landbesitzerfamilien und deren Anhänger und Schützlinge ausgerichtet. Letzten Endes hängen Macht und Einfluß des Oberhauptes einer solchen Familie von der Anzahl Männer ab, denen er Protektion gewährt und die ihm loyal und abhängig dienen, was wiederum zu seinem Ansehen beiträgt und ihn zugleich auch bündniswürdig macht – in Kämpfen, bei Abstimmungen oder wodurch immer die lokale Macht bestimmt werden mag. Je weiter zurückgeblieben die Gegend ist, je abgelegener, schwächer oder desinteressierter die höheren Stellen, um so lebenswichtiger ist die Fähigkeit eines Magnaten oder Edelmannes, »seine« Leute mobilisieren zu können. Wenn er in die lokale Politik – und was den lokalen Einfluß anlangt, in nationale Politik – eingreifen will, genügt es, wenn ihm genügend viele Degen, Gewehre oder Stimmen zur Verfügung stehen, welche dann in die Rechnung der Lokalpolitik eingehen; er muß dann nicht einmal besonders reich sein. Zwar kann frei und prahlerisch verteilter Reichtum zur Vergrößerung der Gefolgschaft beitragen, weil er Status und Macht der Herrschaft demonstriert, doch rechnet man mit Besitzgütern vornehmlich in den wirtschaftlich fortgeschrittenen Gebieten, wo schon Prosperität herrscht. Anderseits kommt einer eher zu Besitz und Geld, wenn er über eine große und furchterregende Gefolgschaft verfügen kann, als wenn er ein besonderes kaufmännisches Talent ist. Nicht Kapital, sondern Familieneinfluß wird akkumuliert. Sobald der Erwerb von Besitz sich nicht länger mit den Familieninteressen deckt und den Vorrang erhält, bricht diese Art von Politik zusammen.

Eine solche Situation kommt dem Banditentum äußerst gelegen. Sie schafft einen natürlichen Bedarf an Banditen und verleiht ihnen eine politische Rolle. Eine Reserve ungebundener bewaffneter Männer, die unter Umständen bereit sind, den Magnaten oder Edelmann zu schützen, wird dadurch dessen Prestige beträchtlich erhöhen und bei geeigneter Gelegenheit dessen Macht in Kämpfen oder Abstimmungen unterstützen. (Mehr noch: wenn sich der Brauch etabliert, daß sich Adelige Gefolgsleute halten, muß für den einzelnen – potentiellen oder tatsächlichen – Banditen eine angemessene Beschäftigung geschaffen werden.) Ein kluger Brigantenführer wird bemüht sein, an die jeweils dominierende lokale Clique Anschluß zu finden, kann sie ihm doch wahren Schutz gewähren. Und selbst wenn er kein Patronat akzeptiert, kann er sicher sein, daß ihn die meisten lokalen Chefs als einen potentiellen Verbündeten betrachten werden, und demnach auch als einen Mann, mit dem man möglichst gute Beziehungen aufrechterhält. Deshalb vermögen die anerkannten Banden in Gebieten, die am Rande der Einflußsphäre der Zentralregierung liegen, erstaunlich lange zu florieren, wie beispielsweise im Hinterland Nordbrasiliens bis 1940: nahezu zwanzig Jahre lang gelang es Lampião, sich zu halten. Er nützte eine derartige politische Situation dazu aus, sich eine Truppe aufzubauen, die so stark war, daß sie nicht bloß für jeden großen »Obristen« des Hinterlandes eine mögliche Verstärkung bedeutete, sondern zu einer eigenständigen Macht wurde.

Die Prestes-Kolonne, eine fliegende Guerrillero-Einheit unter der Führung eines rebellierenden Armeeoffiziers, der im Begriff stand, zum Führer der Kommunistischen Partei Brasiliens zu werden, erreichte 1926 nach zwei Jahren mobiler Operationen im Landesinneren den Nordosten Brasiliens. Die Bundesregierung wandte sich um Hilfe an den Messias von Ceará, Padre Cicero, der durch seinen Einfluß zum erfolgreichen politischen Führer jenes Staates geworden war. Man hegte die Hoffnung, einem Messias möchte es gelingen, den Gläubigen weiterhin ihre Immunität gegen die sozialrevolutionären Appelle des Prestes

128

Подлинное изображение
злнтовщика и обманщика
ЕМЕЛЬКИ ПУГАЧЕВА.

Wahre Abbildung
des Rebellen *und* Betrügers
IEMELKA PUGATSCEW

Der Kosakenrevolutionär *Jemeljan Pugatschow* (1726–1775) war Anführer der Volksaufstände von 1773–1775; er stammte aus demselben Dorf wie Stephan Rasin, Volksliedheld und Anführer der Revolte von 1667-1671.

Der Heiduckenrevolutionär *Panaiot Hitow* (1830–1918), Anführer der nationalen Aufstände 1867–1868. Der bulgarische Patriot hinterließ eine wertvolle Autobiographie.

Links:
Der Klephte
Giorgios Valanis
(Mitte), Anführer
der griechischen
Banden in Maze-
donien zu Be-
ginn des 20.
Jahrhunderts.
Man beachte
den Schmuck
des Kriegers.

Unten:
Balkan-
freischärler
*Konstantin
Garefis* mit
seiner im Gebiet
des Olymp
rekrutierten
Bande um 1905.
Er wurde 1906
von seinen
Feinden, den
mazedonischen
Komitadschi,
getötet.

Ο ΑΘΑΝΑΤΟΣ ΚΩΣΤΑΣ ΓΑΡΕΦΗΣ ΕΝ ΜΑΚΕΔΟΝΙ.
L'immortel Constantin Garéfi et ses palicares à Macédoin

Ungarns
Nationalbandit
Sandor Rozsa
(1813–1878)
im Gefängnis.
Ab ca. 1841
war er
Bandenführer,
ab 1849 natio-
naler Guer-
rillero; 1856
gefangen,
1867 begna-
digt.

Sandor Rozsa als Legende: eine Szene aus Miklos Jancsos Film, der
die Verfolgung Rozsas durch die kaiserlichen Behörden darstellt.

und seiner Leute zu bewahren. Padre Cicero, alles andere als begeistert über die Anwesenheit von Bundestruppen in seinem Gebiet – er wies darauf hin, daß seine Schäfchen nicht bereit seien, sich gegen irgendwen zu stellen, den die Regierung als »Banditen« zu bezeichnen beliebt, und er betonte auch, daß die Prestes-Kolonne den Gläubigen durchaus nicht als antisozial erschienen sei –, nahm die vorgeschlagene Lösung an. Lampião wurde nach Juazeiro (Padre Ciceros Jerusalem) eingeladen. Dort erwies man ihm alle Ehren: der höchste residierende Bundesbeamte (ein Inspektor des Landwirtschaftsministeriums) ernannte ihn offiziell zum Offizier, jeder seiner Leute bekam ein Gewehr mit 300 Schuß und den Auftrag, die Rebellen zu verjagen.* Über diese plötzliche Veränderung, die ihm einen legitimierten Status verschaffte, war der große Bandit überaus begeistert. Indes machte ihn ein befreundeter »Obrist« darauf aufmerksam, daß er sich bloß zum Handlanger der Regierung machte, die gewiß behaupten würde, daß nach dem Verschwinden Prestes' der Auftrag an Lampião nicht länger Gültigkeit besäße, und ihm dann auch die versprochene Straflosigkeit für vergangene Verbrechen verweigern würde, welche ihm als Belohnung zugesagt worden war. Lampião scheint von solchen Argumenten überzeugt worden zu sein. Er gab die Verfolgung von Prestes unverzüglich auf. Zweifellos teilte auch er die im gesamten Hinterland vorherrschende Ansicht, daß durchs Land ziehende bewaffnete Banden ein vertrauter Zustand sind, während die Regierung zugleich unberechenbarer und gefährlicher sei.

Diese so vorteilhafte politische Situation vermögen bloß jene Banditen wenig zu nutzen, deren Ruf als Sozialrebellen so groß ist, daß Gutsbesitzer und Adelige sie am liebsten tot sähen. Niemals gab es mehr als bloß eine

---

* Auf diese Episode gehen die auf Seite 77 erwähnten Passagen in den Lampião-Balladen zurück. (Vgl. O. Anselmo, *Padre Cicero*, Rio 1968, S. 528–536)

Handvoll solcher Banden. Ihre Zahl blieb deswegen beschränkt, weil bäuerliche Banditen leicht Beziehungen zu Leuten von Stand und Einfluß aufnehmen konnten.

Das politische Gefüge solch einer Agrargesellschaft stärkte das Banditentum überdies noch auf eine andere Weise sehr eindrucksvoll. Wurden nämlich die Banditen von den herrschenden Familien und Cliquen protegiert, so gab es für die Unterlegenen oder Opponierenden keine andere Möglichkeit, als zu den Waffen zu greifen; in extremen Fällen bedeutete dies, daß man zum Bandenführer wurde. Es gibt dafür zahllose Beispiele. Sleeman bringt in seiner *Journey through the Kingdom of Oude in 1849–50* eine ganze Liste von Männern, beispielsweise jenen Imam Buksch, der an seiner Bande und an Plünderungen auch dann noch festhielt, als »alle seine Wünsche erfüllt und sein Besitztum schon wieder zurückgewonnen war«. Solche Praxis war auch auf Java ganz üblich.

Ein gutes Beispiel dafür war das Department Cajamarca in Peru im frühen 20. Jahrhundert, das eine Reihe von »Oppositions«-Banditen hervorbrachte, insbesondere Eleodoro Benel Zuloeta, dem man Mitte der zwanziger Jahre recht erfolgreich mit Militär zu Leibe rückte [48]. 1914 hatte Benel, ein Gutsbesitzer, die Hacienda Llaucán gepachtet und sich bei den indianischen Landarbeitern des Ortes sehr unbeliebt gemacht. Die Unzufriedenheit der Indianer wurde von den Brüdern Ramos geschürt, die bereits Unterpächter des Gutes waren. Benel wandte sich an die Obrigkeit, die dann unter den Indianern ein Massaker anrichtete, was diese in ihrer Feindseligkeit noch bestärkte. Die Ramos-Brüder glaubten sich jetzt in der Lage, Benel erledigen zu können, und brachten es fertig, seinen Sohn zu töten. »Leider unterließ es die Justiz, in Aktion zu treten, und das Verbrechen blieb ungestraft«, wie der Historiker taktvoll formuliert; er fügt hinzu, daß die Mörder zufällig noch die Unterstützung einiger anderer persönlicher Feinde Benels fanden, z. B. die Alvarados de Santa

Cruz. Daraufhin veräußerte Benel seinen Besitz, um »eine furchterregende Legion seiner Bediensteten (trabajadores), die entschlossen war, ihr Leben in den Dienst ihres Herrn zu stellen«, finanzieren zu können, und zog gegen Alvarado und die Ramos-Brüder in den Kampf. Diesmal trat die Justiz in Aktion, aber Benel hatte seine *hacienda* zur Festung ausgebaut und widersetzte sich ihr. Das half ihm natürlich, »weitere Sympathisanten zu gewinnen, die ihn mit allem Lebensnotwendigen versorgten«.

Er war lediglich der furchterregendste unter einer großen Zahl von Bandenführern, die mit dem eigentlichen Zusammenbruch der Regierungsgewalt in einer komplexen Verbindung von politischen und persönlichen Rivalitäten, von Rache, politischem und wirtschaftlichem Ehrgeiz und sozialer Rebellion in Erscheinung traten. Der Chronist schildert das folgendermaßen:

»Die Bauern dieser Siedlungen waren unterwürfig und träge, unfähig, sich gegen kleine örtliche Tyrannen zu erheben. Jedoch Leben in sich fühlen heißt Wut über Ungerechtigkeit empfinden. So gelang es Vertretern der örtlichen Behörden, denen die intellektuelle Voraussetzung für ihre schwierigen Aufgaben fehlte, die nunmehr ermutigten und entschlossenen Leute gegen die Unterdrücker zu vereinigen ... Die Geschichte aller Völker zeigt, daß sich in solchen Situationen bewaffnete Banden bilden. In Chota standen sie unter der Führung von Benel, in Cutervo schlossen sie sich Vasquez* und anderen an. Diese Männer übten Gerechtigkeit auf ihre Art, indem sie die, die das Land anderer an sich rissen, bestraften, Heiraten legalisierten, Verbrecher verfolgten und den örtlichen Herren Verfügungen aufzwangen.

* Die drei Brüder Vasquez – Avelino, Rosendo und Paulino – waren anscheinend Kleinbauern, denen es im Laufe ihrer Tätigkeit gelang, Herren der Haziendas von Pallac und Camsa zu werden. Sie wurden zu einem falschen »Friedensvertrag« überlistet und auf dem vom Unterpräfekten zu diesem Anlaß gegebenen Bankett ermordet [49].

Wenn Wahlen anstanden, machten Kongreßabgeordnete Gebrauch von diesen Kämpfern, versorgten sie mit Waffen und gaben ihnen Order, gegen ihre politischen Gegner vorzugehen. Die bewaffneten Heerscharen wurden stärker, und das Banditenwesen erreichte den Punkt, wo es unter den friedfertigen Bürgern Panik hervorrief [50]. Benels Macht und Ansehen blühte, bis er 1923 den Fehler beging, sich mit einigen örtlichen Potentaten zu vereinigen, die den großen Präsidenten Leguía zu stürzen planten; danach wurden starke Truppenverbände aufgeboten, die die Situation in Cajamarca nicht ohne erhebliche Anstrengungen klärten. 1927 wurde Benel schließlich getötet. Die Ramos-Brüder und Alvarado verschwanden ebenfalls mit den übrigen anderen Bandenführern von der Bildfläche.

Solche örtlichen Rivalitäten sind untrennbar mit dem Banditentum verbunden.

In dem Zusammenhang ist der Fall des Clans Macgregor, insbesondere dessen berühmtesten Mitgliedes Rob Roy, durchaus relevant. Im 16. bis zum 18. Jahrhundert blieben die Macgregors ein Clan von Räubern, da ihnen ihre Feinde keine andere Wahl als die Ausrottung ließen. (Und tatsächlich wurde die Sippe schließlich formell aufgelöst und der Name verboten.) Rob Roys eigener Ruf als schottischer Robin Hood ist vor allem auf die Tatsache zurückzuführen, daß er den Herzog von Montrose angriff, einen erfolgreichen Magnaten, von dem er sich ungerecht behandelt wähnte. So mag die bewaffnete Opposition jener, die »außerhalb« der lokalen Politik von Aristokraten und Familien stehen und sich gegen jene wenden, die sich »innerhalb« solcher Politik befinden, für kurze Zeit und in bestimmtem Bereich dem Unmut der Armen gegen ihre Ausbeuter genügen. Auch in anderen Formen der Politik kennt man diese Situation. Wo Gutsbesitzerfamilien Kämpfe und Fehden austragen, Familienbündnisse bilden und brechen, sich mit Waffengewalt gegenseitig Erbschaften streitig machen und wo die Mächtigeren über den zertrümmerten Gebeinen der Schwächeren Reichtum und Einfluß anhäufen, da haben Banden kämpfender Männer unter der Führung verärgerter Verlierer natürlich ein weites Feld der Tätigkeit.

Das politische Gefüge von Agrargesellschaften mit Bedingungen, die dem Banditentum förderlich sind, hat also zweierlei Wirkungen. Den Banditen wird einerseits Protektion zuteil, sie werden unterstützt und nehmen an Zahl zu, anderseits werden sie dem politischen System integriert. Anerkanntermaßen werden beide Wirkungen wahrscheinlich dort um so stärker sein, wo ein zentraler Staatsapparat fehlt oder wirkungslos ist, regionale Machtzentren einander die Waage halten oder labil sind, wie in Gegenden der »Feudalanarchie«, in Grenzgebieten oder im wilden Hinterland, wo sich das Mosaik der Zwergherrschaften ständig verschiebt. Ein starker Kaiser, König oder sogar ein starker Freiherr etabliert auf seinen Ländern sein eigenes Gesetz. Er läßt eigenständige Banden bewaffneter Räuber eher hängen, als daß er sie fördert, gleichgültig, ob sie nun eine Bedrohung der sozialen Ordnung bedeuten oder bloß den Verkehr lahmlegen und störend in die Besitzverhältnisse eingreifen. Anders als die Radschas von Dschaipur, hatten es die Beamten der britischen Provinzialverwaltung kaum nötig, Dakaiten zum Schutz von wertvollen Transporten zu rekrutieren. Leute, die ihre Macht der Schaffung von Reichtum durch Reichtum verdanken und Kapital nicht mit Messer oder Gewehr akkumulieren (oder nicht länger auf diese Waffen angewiesen sind), stellen zum Schutz ihres Besitzes lieber Polizisten als Gangster ein. An den »Raubrittern« der wilden Zeiten des amerikanischen Kapitalismus verdienten nicht die unabhängigen Revolverhelden, sondern die Pinkertons. Nicht das »Big Business«, sondern die kleinen und schwachen Unternehmer, die kleinen und schwachen Arbeits- und Gemeindeorganisationen waren es, die mit Pöbel und Verbrecherbanden in Verhandlungen eintreten *mußten*. Überdies ist es eine Tatsache, daß bei fortschreitender ökonomischer Entwicklung Reiche und Mächtige wahrscheinlich immer mehr zur Ansicht gelangen, man hätte in den Banditen eher eine Bedrohung des Eigentums vor sich, die es auszumerzen gilt, als einen Faktor im Spiel um die Macht.

Unter solchen Umständen werden die Banditen zu ständigen Außenseitern, die für jeden achtbaren »Ehrenmann« eine Gefahr bedeuten. Das mag der Moment sein, wo sich eine Gegenmythologie des Banditentums bildet: der Räuber scheint das Gegenteil des Helden zu sein, die »Bestie in Menschengestalt« – wie russische Adelige zu Ende des 18. Jahrhunderts sagten –, »bereit, alles Heilige zu entweihen, bereit zum Töten, Plündern und Sengen, bereit, den Willen Gottes und die Gesetze des Staates zu schänden.« [51] (Zumindest was Rußland betrifft, scheint es gesichert, daß dieser Mythos des Banditen als der Negation von Humanität beträchtlich später entstanden ist als Heldenmythen der Volkslieder und Volksepen.) Es verschwindet jener Mechanismus, der das Banditentum dem normalen politischen Leben integriert. Der Räuber gehört von jetzt an ausschließlich einem Teil der Gesellschaft an, nämlich jenem, der arm und unterdrückt ist. Entweder geht er im Rebellentum der Bauern gegen ihre Herren, der traditionellen Gesellschaft gegen die Moderne, der Randgruppen oder Minderheiten gegen die Integration in eine größere politische Ordnung auf, oder er schließt sich der »krummen« Welt im Untergrund an, jenem ständigen Pendant der »geraden«, alles Ansehen genießenden Welt.* Doch gewährt selbst diese dem Leben in den Bergen, in den Wäldern oder am Straßenrand weniger Spielraum als ehemals. Bonnie und Clyde, die Erben Jesse James', waren keine für die amerikanischen dreißiger Jahre typi-

---

* In Ausnahmefällen, wie beispielsweise in Sizilien oder in den Immigrantengettos der USA, mag er auch in einer neuen Bourgeoisie aufgehen.

schen Kriminellen; sie waren eigentlich ein historischer Rückschritt. Wenn er auf der Terrasse seines Landsitzes, den er sich durch Verbrechen in der Stadt erworben hat, Leckerbissen vom Grill konsumiert, kommt der moderne Gewalttäter dem Landleben am nächsten.

7. Banditen und Revolution

Flagellum Dei et commissarius missus a Deo contra usu-
xarios et detinentes pecunias otiosas. (Geißel und Abge-
sandter Gottes, ausgeschickt gegen Wucherer und gegen
alle jene, die nutzlose Schätze anhäufen.)
Selbstporträt Marco Sciarras, eines neapolitanischen Bri-
gantenführers der 1590er Jahre. (J. Delumeau, Vie éco-
nomique et sociale de Rome dans la seconde moitié du
XVIe siècle. Bd. 2, S. 557)

Das ist der Augenblick, wo der Bandit sich zu entscheiden
hat, ob er Verbrecher oder Revolutionär wird. Was geschieht, wenn er sich für die Revolution entscheidet? Wie
wir sahen, hat das Sozialbanditentum Affinität zur Revolution, ist es doch ein Phänomen sozialen Protestes, wenn
es nicht sogar Vorläufer oder potentielle Brutstätte der Revolte ist. Darin unterscheidet es sich scharf von der gewöhnlichen Unterwelt des Verbrechens, gegen die wir es bereits abgrenzen konnten. Die Unterwelt (schon der Name
impliziert dies) ist eine Anti-Gesellschaft, die von der
Verkehrung der Werte der »geraden« Welt lebt – ihrer
eigenen Redewendung gemäß, ist sie »krumm« –, während sie zugleich an der »geraden« Welt parasitär parti-
zipiert. Eine revolutionäre Welt ist ebenfalls eine »gerade«
Welt, außer vielleicht in besonders apokalyptischen Momenten, wenn selbst Verbrecher von Anfällen patriotischer
oder revolutionärer Erregung erfaßt werden. Revolutionen
bedeuten einer echten Unterwelt folglich kaum viel mehr
als ungewöhnlich gute Gelegenheiten für Verbrechen. Es
gibt keinen Beweis, daß die blühende Pariser Unterwelt
die französischen Revolutionen im 18. und 19. Jahrhundert mit revolutionären Kämpfern oder Sympathisanten
versorgt hätte, obwohl 1871 die Prostituierten von Paris
überzeugte Kommunardinnen waren; doch, als Klasse ge-

sehen, waren sie eher Opfer der Ausbeutung als Verbecherinnen. Die kriminellen Banditenbanden, von denen in den 1790er Jahren französische Landgebiete und das Rheinland überschwemmt wurden, waren keine revolutionären Phänomene, sondern Symptome sozialer Wirren. Die Unterwelt hält nur insofern Einzug in die Geschichte der Revolutionen, als die *classes dangereuses* mit den *classes laborieuses* vermischt sind, wie dies hauptsächlich in bestimmten Stadtteilen der Fall ist, sowie auch deswegen, weil Rebellen und Aufrührer von der Obrigkeit wie Verbrecher oder Verfemte behandelt werden. Im Prinzip ist die Unterscheidung jedoch ganz klar.

Andrerseits teilen Banditen die Werte und Sehnsüchte der Bauernwelt. Sie haben als Rebellen und Geächtete gewöhnlich ein feines Gespür für revolutionäre Strömungen, welche diese Bauernwelt durchziehen. Als Männer, die sich schon ihre Freiheit errungen haben, mögen sie zwar in normalen Zeiten die immobilen und passiven Massen verachten, doch schwindet diese Passivität in einer revolutionären Epoche. Die Bauern *werden* scharenweise *zu Banditen*. Die Bauern der Aufstände in der Ukraine des 16. und 17. Jahrhunderts erklärten sich zu Kosaken; 1860–61 bildeten sich in Italien sowohl um bestehende Brigantenbanden als auch nach deren Muster Einheiten bäuerlicher Guerrilleros: lokale Anführer konnten bemerken, daß ihnen entlassene Soldaten der Bourbonenarmee in Massen zuströmten. Deserteure und Marodeure, entsprungene Häftlinge sowie Männer, die für soziale Protestakte unter Garibaldi jetzt Strafe zu befürchten hatten, schlossen sich ihnen an, Bauern und Bergbewohner, die Freiheit, Rache, Beute oder eine Verbindung dieser Ziele suchten, kamen in Scharen. Wie andere Trupps von Geächteten, so entstanden auch diese Einheiten am ehesten im Umkreis jener Siedlungen, aus denen sie Verstärkung erhielten. Sie bezogen im nahegelegenen Wald oder in den Bergen der Umgebung einen Stützpunkt und operierten dann auf eine Art und Weise, die sich von jener gewöhnlicher Banditen kaum unterschied. Einzig der soziale Hintergrund war ein anderer. Hier schloß sich einer Minorität von Empörern eine mobil gewordene Majorität an. Kurz gesagt – zitiert sei ein Holländer, der die Verhältnisse in Indonesien studiert hat –, es vereinigen sich in solchen Zeiten »die Räuber mit anderen Gruppen und treten solcherart in dieser neuen Form auf, während zugleich jene Scharen, die ursprünglich höhere Ideale hatten, Charakterzüge des Banditentums annehmen«. [52]

Ein Österreicher in türkischen Diensten gab eine vorzügliche Beschreibung der frühen Stadien einer solchen Bauernmobilisierung in Bosnien. Anfänglich sah es bloß wie ein ungewöhnlich hartnäckiger Streit um den Zehnten aus. Dann sammelten sich die christlichen Bauern aus Lukovac und anderen Dörfern, sie verließen Haus und Hof und zogen auf den Berg von Trusina Planina, während die christlichen Einwohner von Gabela und Ravno die Arbeit niederlegten und Versammlungen abhielten. Als man noch verhandelte, griff eine Bande bewaffneter Christen eine Karawane aus Mostar in der Nähe von Nevesinje an, wobei sieben muselmanische Fuhrleute umkamen. Daraufhin brachen die Türken die Verhandlungen ab. Nunmehr griffen in Nevesinje sämtliche Bauern zu den Waffen, gingen in die Berge und entzündeten Leuchtfeuer. Auch in Ravno und in Gabela nahm man die Waffen auf. Allem Anschein nach stand der Ausbruch eines beträchtlichen Aufstandes bevor. Tatsächlich sollten damit die Balkankriege der 1870er Jahre beginnen; es kam zur Abtrennung Bosniens und der Herzegowina vom Osmanischen Reich und zu zahlreichen internationalen Konsequenzen, welche für unsere Darstellung nicht von Belang sind [53]. Sehr wohl interessiert uns jedoch die charakteristische Kombination von massenweiser Mobilisierung und Ausweitung der Banditenaktivität bei einer solchen Bauernrevolution.

Wo es eine starke Heiduckentradition oder mächtige

Gruppen bewaffneter Vogelfreier gibt und emanzipierte Bauern in Waffen auf Beutezüge gehen, mag es dem Banditentum gelingen, solche Revolten noch deutlicher dem eigenen Muster entsprechend zu prägen, zumal dort, wo man das Banditentum vage als das Relikt einer alten Freiheit oder als Keim einer neuen ansieht. So gab es in Saharanpur (Uttar Pradesch, Indien) unter den Gudscharen, einer ansehnlichen Bevölkerungsminorität, einen traditionell starken Hang zur Unabhängigkeit – oder wie die britische Verwaltung es nannte: zur »Unruhe« und zur »Gesetzlosigkeit«. 1813 wurde der große Landhaura-Besitz der Gudscharen zerschlagen, und als man elf Jahre danach auf dem Land schwere Zeiten durchzumachen hatte, »schlossen sich« – in Saharanpur – »die Kühneren unter einem Bandenführer namens Kallua zusammen, da sie nicht hungern wollten«. Kallua, ein Gudschar, der beiderseits des Ganges operierte, beraubte *banias* (die Kaste der Händler und Geldleiher), Reisende und die Einwohnerschaft von Dehra Dun. Nach amtlicher Ansicht war das Motiv der Dakaiten »vielleicht nicht so sehr die bloße Plünderung als vielmehr der Wunsch, wieder zu den alten Zuständen der ehemaligen Gesetzlosigkeit zurückzukehren, nicht eingeschränkt durch die Bestimmungen einer höheren Behörde. Kurz: die Anwesenheit bewaffneter Banden bedeutete nicht eine bloße Übertretung von Gesetzen, sondern vielmehr Rebellion.« [54]

Da sich Kallua mit einem bedeutenden *taluqdar* verbündete, der 40 Dörfer sowie andere unzufriedene Besitzende beherrschte, gelang es ihm bald, die Revolte auszuweiten, indem er Polizeiposten angriff, zweihundert Polizeiwächtern einen Schatz entführte und die Stadt Bhagwanpur in Besitz nahm. Kallua bezeichnete sich in der Folge als Radscha Kaljan Singh und sandte nach königlicher Art Boten aus, die Tribut erheben sollten. Eintausend Mann standen ihm zu Diensten, er selbst kündigte die Befreiung von fremdem Joch an. Er wurde von zweihundert

Gurkhas besiegt, als seine Leute »die unglaubliche Vermessenheit« gehabt hatten, »außerhalb der Festung den Angriff der Gurkhas abzuwarten«. Die Rebellion dauerte bis in das nächste Jahr hinein (»in einer weiteren schlechten Saison . . . hatten sie neuen Zulauf erhalten«), um sich dann allmählich totzulaufen.

Banditenführer, welche man als Kronprätendenten ansieht oder die sich den formellen Status eines Herrschers anmaßen, sind durchaus keine Seltenheit. Die Banditen- und Kosakenführer Rußlands, wo die *rasbojniki* stets bestrebt gewesen sind, als wunderbare Helden betrachtet zu werden, die den Rettern der heiligen Erde Rußlands vor den Tataren glichen, sind hierfür die großartigsten Beispiele. Nicht selten sah man in ihnen geradezu die Offenbarung eines »Zaren der Armen«, der das Volk kannte und es vom schlechten Zaren der Besitzenden und der Bojaren befreien würde. Die großen Bauernaufstände des 17. und 18. Jahrhunderts am Unterlauf der Wolga waren Revolten der Kosaken – Bulawin, Bolotnikow, Stenka Rasin (der Held des Volksliedes) und Jemeljan Pugatschow; Kosaken waren in jenen Tagen Gemeinschaften freier bäuerlicher Plünderer, die auf Beutezüge gingen. Wie der Radscha Kaljan Singh, erließen sie herrschaftliche Proklamationen, und wie die Briganten Süditaliens in den 1860er Jahren, mordeten ihre Leute, brannten alles nieder und plünderten, vernichteten alle schriftlichen Dokumente, die von Leibeigenschaft oder Abhängigkeit zeugten, und hatten kein anderes Programm als das der Zerstörung des gesamten Machtapparates der Unterdrückung.

Daß Führung und Herrschaft einer revolutionären Bewegung derart vom Banditentum übernommen werden, ist ungewöhnlich. Wie wir bereits gesehen haben (S. 20–22), gibt es Beschränkungen technischer und ideologischer Art, welche das Banditentum untauglich machen, mehr als sporadische Aktionen einiger Dutzend Männer durchzuführen, und die innere Organisation von Banden stellt kein gültiges

Modell für ein ganzes Gesellschaftsgefüge dar. Sogar die Kosaken, welche ihre eigenen Gemeinschaften von ansehnlicher Größe und Strukturierung ausbildeten und beträchtliche Scharen für ihre Beutezüge rekrutieren konnten, lieferten keine Modelle, sondern bloß Anführer für die großen Bauernaufstände, die sie nicht als »Hetman«, sondern als »Volkszar« mobilisierten. Es wird also viel eher anzunehmen sein, daß das Banditentum in Bauernrevolutionen lediglich einen Einzelaspekt einer vielfältigen Mobilisierung darstellt und sich nur in einer Hinsicht mehr als eine bloß untergeordnete Rolle zuspricht: es stellt kampftüchtige Truppen und kampftüchtige Anführer. Vor einer Revolution mag das Banditentum – um den Ausdruck eines begabten Historikers zu gebrauchen, welcher die Unruhen unter der Landbevölkerung Indonesiens erforscht hat – »ein Schmelztiegel« sein, »aus dem entweder eine religiöse Wiedererneuerung entstand oder aber eine Revolte« [55]. Wenn die Revolution ausbricht, mag das Banditentum im Rausch chiliastischer Begeisterung aufgehen: »Wie Pilze schossen die Rampok-Banden aus dem Boden, gefolgt von streunenden Volkshaufen, die von der Erwartung eines Mahdi oder eines Millenniums besessen waren.« So beschrieb man die Bewegung auf Java nach der Niederlage der Japaner im Jahre 1945. [56] Ohne den erwarteten Messias, den charismatischen Führer, den »gerechten König« (oder wer immer seine Krone anstrebt), oder – um unserem indonesischen Beispiel zu folgen – ohne die nationalistischen Intellektuellen unter der Führung Sukarnos, die sich der Bewegung bemächtigen, werden derlei Phänomene bald nachlassen und höchstens einige Guerrilleros als Nachhut im Hinterland verbleiben.

Wenn aber das Banditentum und in seiner Begleitung die apokalyptische Begeisterung einen Höhepunkt der Mobilisierung erreicht haben, ist es dennoch durchaus möglich, daß sich auch jene Kräfte einstellen, die aus der Revolte eine Bewegung machen, welche Staaten errichtet oder die

Gesellschaft verändert. In traditionellen Gesellschaften, die an den Aufstieg und Sturz politischer Regime gewöhnt sind, die die grundlegende Sozialstruktur unberührt lassen, werden Besitzende und Gebildete, Adelige und selbst höhere und niedere Beamte möglicherweise die Zeichen einer bevorstehenden Veränderung erkennen. Sie werden bemerken, daß es Zeit ist, sich nunmehr jenen unterzuordnen, die zweifelsohne schließlich zur neuen Obrigkeit werden, während die Streitkräfte erwägen, die Seiten zu wechseln. Eine neue Dynastie mag entstehen, fest verankert in einem göttlichen Auftrag, und die Friedlichen werden sich neuerdings niederlassen und wieder zu leben anfangen, teils voller Hoffnung, teils aber auch eines Tages desillusioniert. Zugleich wird sich das Banditentum auf sein übliches Maß reduzieren, und die Propheten müssen ihr Wanderpredigertum wiederaufnehmen. Weit seltener wird es den Anschein haben, daß der messianische Führer vorübergehend ein neues Jerusalem aufbaut. Unter modernen Verhältnissen werden revolutionäre Bewegungen oder Organisationen die Macht übernehmen. Nach dem ersten Triumph mögen wohl auch sie bemerken, daß die Aktivisten des Banditentums wiederum ihre Außenseiterrolle am Rande der Gesellschaft einnehmen, um sich den letzten Verfechtern eines alten Lebensstils und anderen »Konterrevolutionären« anzuschließen, die in zunehmender Hilflosigkeit Widerstand leisten.

Wie gelangen indes die Sozialrebellen zu einer Einigung mit modernen revolutionären Bewegungen, die doch ihrer alten moralischen Welt so fernstehen? Vergleichsweise einfach stellt sich das Problem im Falle der nationalen Befreiungsbewegungen dar, deren Ziele unschwer in Begriffen ausgedrückt werden können, die für eine archaische Politik verständlich sind, selbst wenn sie mit dieser tatsächlich kaum irgend etwas gemeinsam haben. Das Banditentum vermag sich deshalb solchen Bewegungen mühelos einzufügen: Giuliano konnte sich ebenso leicht in den »Hammer der gottlosen Kommunisten« verwandeln, wie er zum Helden des sizilianischen Separatismus wurde. Primitive Widerstandsbewegungen auf Stammesebene oder auf nationaler Basis, die sich gegen Unterwerfung auflehnen, bilden die charakteristische Wechselbeziehung zwischen Banditenguerilla und populistischem oder apokalyptischem Sektierertum aus. Im Kaukasus basierte die Résistance des großen Schamil gegen die russische Usurpation auf der Entwicklung des Muridismus unter den islamitischen Einheimischen. Sogar noch zu Anfang des zwanzigsten Jahrhunderts soll der gefeierte Bandit und Patriot Zelim Khan (siehe Seite 51) von den Muridisten und ähnlichen Sekten Unterstützung, Immunität und Ideologie erhalten haben; er führte stets ein Bild Schamils bei sich. Zwei neuentstandene ekstatische Inguschensekten hinwiederum, die möglicherweise von den Bektaschi abzuleiten sind und von denen die eine militant zum Heiligen Krieg aufrief, die andere eine Vereinigung unbewaffneter Quietisten war, sahen Zelim Khan als einen Heiligen an [57]. Um zwischen dem »eigenen Volk« und »den Fremden«, den Kolonisten und Kolonisierten, einen Gegensatz zu erkennen, braucht es keinen besonderen Scharfsinn. Es mag sehr wohl sein, daß die Bauern der ungarischen Ebenen, die nach der Niederlage der Revolution von 1848/49 die Guerillabanden des berühmten Rosza Sandor bildeten, durch willkürliche Akte des siegreichen österreichischen Regimes zur Rebellion veranlaßt wurden; beispielsweise durch Zwangseinberufung zum Militär (der Widerwille, Soldat zu werden oder zu bleiben, ist eine gut bekannte Quelle des Banditentums). Sie waren aber dennoch »Nationalbanditen«, mochte auch ihre Interpretation des Begriffes Nationalismus sehr verschieden von jener der Politiker sein. Der berühmte Manuel García, dieser »König der kubanischen Landbevölkerung«, dem nachgesagt wurde, daß er als einzelner zehntausend Soldaten in Schach halten könne, sandte an den Vater der kubanischen Unabhängigkeit, José Martí, selbstverständlich Geld, doch wies der Apostel Kubas dieses Anerbieten zurück, da er, wie die meisten Revolutionäre, einen Widerwillen gegen Kriminelle hegte. 1895 wurde García durch Verrat getötet, weil er – wie man auch heute noch in Kuba glaubt – im Begriff war, sich der Revolution anzuschließen.

Banditen im Dienst nationaler Befreiung sind also keine Seltenheit, obwohl sie häufiger in Situationen vorkommen, wo eine nationale Befreiungsbewegung auf traditionelle Organisationen zurückgeführt werden kann oder wo sich ihr Widerstand gegen Ausländer richtet, als wenn sie ein neuer Import von Schullehrern oder Journalisten wären. In den Bergen Griechenlands, die kaum bewohnt sind und niemals unter einer effektiven Verwaltung standen, spielten die Klephten bei der Befreiung eine weit größere Rolle als in Bulgarien, wo die Bekehrung eines hervorragenden Heiducken zur Sache des Nationalismus – wie etwa die Bekehrung Panaiot Hitows – als bemerkenswertes Ereignis galt. (Die griechischen Berge waren aber durch die Verbände der *armatoles* im Dienst türkischer Herren weitgehend autonom, die die polizeiliche Kontrollgewalt innehatten, von welcher sie in der Praxis nur Gebrauch machten, wenn es ihnen paßte; der Armatolenführer von heute konnte morgen Hauptmann der Klephten sein oder umgekehrt. Die Rolle der Banditen im nationalen Befreiungskampf ist jedoch eine andere Frage.

Die Integration der Banditen in moderne soziale und politische Revolutionsbewegungen, die nicht in erster Linie gegen Ausländer gerichtet sind, ist nicht etwa deshalb schwierig, weil ihnen die Slogans von Freiheit, Gleichheit und Brüderlichkeit, von Land und Recht, Demokratie und Kommunismus prinzipiell unverständlich wären, wenn sie in einer Sprache ausgedrückt werden, die sie gewohnt sind. Solche Slogans bezeichnen ganz im Gegenteil selbstverständliche Wahrheiten. Das Wunder besteht darin, die richtigen Worte dafür zu finden. »Einem jeden sticht die

Wahrheit in die Nase«, sagte der wilde Kosak Surowkow, als Isaak Babel ihm Lenins Rede aus der *Prawda* vorlas. »Die Frage ist nur, wie man sie aus dem Haufen hervorziehen soll; er jedoch geht her und trifft den Nagel auf den Kopf, wie ein Huhn sein Körnchen pickt.« Die selbstverständlichen Wahrheiten erinnern aber an Städter, Gebildete, Besitzende und an Opposition gegen Gott und Zar; alles Kräfte, die für die rückständigen Bauern gewöhnlich unverständlich oder feindselig sind.

Die Verbindung ist dennoch nicht unmöglich. In der mexikanischen Revolution gewannen die Leute Maderos den großen Pancho Villa, der zu einem der größten Generäle der revolutionären Armeen wurde. Unter allen Berufsbanditen der westlichen Hemisphäre war vielleicht er es, der die hervorragendste Karriere als Revolutionär gemacht hat. Maderos Emissäre mußten ihn nicht erst lange überreden. Zwar war Madero ein reicher und gebildeter Mann, wenn er aber auf der Seite des Volkes stand, so war damit wohl seine Selbstlosigkeit erwiesen und die gute Sache ungetrübt – als Mann aus dem Volk und Mann von Ehre, dessen Rang im Banditentum durch solch eine Einladung gewürdigt wurde, gab es für Pancho Villa kein langes Zögern, seine Leute und seine Gewehre der Revolution zur Verfügung zu stellen. [58]

Weniger hervorragende Banditen mochten sich der Sache der Revolution aus ähnlichen Gründen anschließen. Sie wurden nicht deshalb gewonnen, weil sie die komplexen Theorien von Demokratie, Sozialismus und Anarchie verstanden – wenngleich letztere am unkompliziertesten ist –, sondern vielmehr durch die Tatsache, daß die Sache des Volkes und der Armen ganz augenscheinlich eine gerechte Sache war und die Revolutionäre ihre Glaubwürdigkeit durch Selbstlosigkeit, Opferbereitschaft und rückhaltlose Hingabe bewiesen – mit anderen Worten, durch *ihr persönliches Verhalten*. Das ist auch der Grund, warum in Gefängnissen und beim Militärdienst so viele politische

Bekehrungen vorgekommen sind – dort also, wo Banditen und moderne Revolutionäre einander am ehesten unter Bedingungen der Gleichheit und des gegenseitigen Vertrauens begegnen. Mehrere Beispiele dafür sind in den Annalen des modernen Banditentums auf Sardinien enthalten. Und dies ist auch der Grund, warum Männer, die 1861 Brigantenführer der Bourbonenscharen wurden, oftmals dieselben Leute waren, die sich der Fahne Garibaldis angeschlossen hatten, weil dieser wie ein »wahrer Volksbefreier« aussah, sprach und handelte.

Wo sich also eine ideologische oder persönliche Verbindung zwischen Banditen und Verfechtern moderner Revolutionen herstellen läßt, werden sich jene der neumodischen Bewegung entweder als Banditen oder als Bauern anschließen, so wie sie sich einer archaischen Bewegung angeschlossen hätten. In Mazedonien wurden sie Komitadschi-Kämpfer der Inneren Mazedonischen Revolutionären Organisation (IMRO) zu Beginn des zwanzigsten Jahrhunderts, die Dorfschullehrer organisierten ihrerseits die Komitadschi nach dem militärischen Muster der Heiduckeneinheiten. Und wie sich die Briganten von Bantam 1926 den kommunistischen Unruhen anschlossen, so folgte man auf Java allgemein dem profanen Nationalismus eines Sukarno oder dem profanen Sozialismus der Kommunistischen Partei, während sich die Briganten Chinas Mao Tse-tung anschlossen, der seinerseits von der einheimischen Tradition des Volkswiderstandes sehr stark beeinflußt worden ist.

Wie war China zu retten? Die Antwort des jungen Mao lautete: »Macht es wie die Helden von Liang Schan P'o.« Er meinte die freien Banditen und Guerrilleros des Schui Hu Tschuan [59]. Mehr noch, Mao ging daran, sie systematisch zu rekrutieren. Waren sie etwa keine Kämpfer und auf ihre Art sozialbewußt? Waren die »Rotbärte« – eine gefährliche Organisation von Pferdedieben, die noch in den zwanziger Jahren dieses Jahrhunderts die Mandschurei bevölkerten – nicht Leute, denen es untersagt war, Frauen,

Kinder und Greise anzugreifen, während sie die Verpflichtung hatten, Beamte und Notabilitäten zu attackieren? Hat jedoch »einer einen guten Ruf, dann lassen wir ihm die Hälfte seines Eigentums; ist er korrupt, so nehmen wir all seinen Besitz und all sein Gepäck«. 1929 scheint Maos Rote Armee zum großen Teil aus solchen »deklassierten Elementen« bestanden zu haben (oder um sich seiner eigenen Klassifizierung zu bedienen, aus »Soldaten, Banditen, Räubern, Bettlern und Prostituierten«). Wer wäre damals wohl das Risiko eingegangen, sich einer Gruppe von Geächteten anzuschließen, wenn er nicht selber ein Geächteter war? Ein paar Jahre zuvor hatte Mao bemerkt: »Diese Leute kämpfen sehr tapfer«, und: »Richtig geführt, könnten sie eine revolutionäre Kraft werden.« Wurden sie es? Wir wissen es nicht. Zweifellos erhielt durch sie die junge Rote Armee etwas von der »Mentalität umherziehender Insurgenten«, obwohl Mao die Hoffnung hegte, eine »intensivierte Erziehung« würde das ändern.

Zweifellos kann politisches Bewußtsein viel dazu beitragen, den Charakter von Banditen zu verändern. Zu den kommunistischen Landarbeiter-Guerrilleros Kolumbiens zählen einige Kämpfer (bestimmt aber nicht mehr als eine kleine Minderheit), die von den früheren freibeuterischen Briganten-Guerrilleros der *violencia* überwechselten. »Cuando bandoleaba« (»als ich ein Bandit war«) – diese Redewendung kann man in den Gesprächen und in den soviel Zeit im Leben eines Guerrilleros einnehmenden Erinnerungen hören. Der Satz selbst spiegelte das Bewußtsein des Unterschieds zwischen der Vergangenheit eines Mannes und seiner Gegenwart wider. Wahrscheinlich war Mao jedoch allzu zuversichtlich. Einzelne Banditen mögen sich leicht in ein politisches Gefüge integrieren lassen – es hat sich aber, zumindest in Kolumbien, herausgestellt, daß man sie als Gruppe kaum in eine linksgerichtete Guerrillero-Bewegung einordnen kann. War jedoch ihr militärisches Potential an sich begrenzt, so war es ihr politisches Poten-

tial noch weitaus mehr, wie dies die Brigantenkriege Süditaliens beweisen. Die ideale Einheit bestand aus weniger
als zwanzig Mann. Heiducken-Woiwoden, die mehr Männer anführten, hat man in Liedern und Geschichten hervorgehoben. Weit größer waren die Insurgenteneinheiten der
kolumbianischen *violencia* nach 1948, doch handelte es sich
hier fast stets um Kommunisten und nicht um volkstümliche Rebellen. Panaiot Hitow berichtet, daß der Woiwode
Ilio angesichts von 200 oder 300 potentiellen Rekruten
erklärt haben soll, es seien doch viel zu viele für eine
einzige Bande; sie sollten daher mehrere Gruppen bilden – wie beispielsweise in der Bande Lampiãos. Ilio
selbst wählte sich 15 Mann aus. Große Scharen wurden
in solche Untereinheiten aufgeteilt, oder es gingen einzelne Formationen für kurze Zeit Bündnisse ein. Taktisch
war das sinnvoll; zugleich deutet sich aber in solchen Maßnahmen auch an, daß die meisten volkstümlichen Anführer
nicht imstande sind, große Einheiten auszurüsten oder mit
Nachschub zu versorgen oder eine Gruppe zu kontrol-
lieren, deren Größe die Möglichkeiten einer einzelnen
machtvollen Persönlichkeit überfordert. Nicht genug damit:
jeder Anführer wacht eifersüchtig über seine Souveräni-
tät. Sogar der loyalste Offizier Lampiãos, der »Blonde Teufel« Corisco, der seinem alten Führer zwar sentimental
verbunden blieb, geriet mit ihm in Streit und nahm seine
Freunde und Anhänger mit sich, um eine eigene Bande
zu bilden. Zahlreiche Emissäre und geheime Agenten der
Bourbonen, die bemüht waren, in der Brigantenbewegung
der 1860er Jahre eine effektive Disziplin und Koordination einzuführen, scheiterten ebenso wie alle anderen, die
ähnliche Versuche unternahmen.
Wie wir sahen, waren Banditen nicht imstande, den Bauern eine echte politische Alternative anzubieten. Überdies
waren ihrem revolutionären Potential Grenzen gesetzt, nahmen sie doch eine Position ein, die sie traditionell verschwommen zwischen die Machthaber und die Armee stell-

te – als Männer des Volkes, die Schwache und Passive verachten, eine Machtgruppe, die in normalen Zeiten innerhalb der bestehenden sozialen und politischen Struktur oder an deren Rändern operiert, nicht jedoch gegen diese Struktur auftritt. Sie mögen von einer freien Gesellschaft der Brüderlichkeit träumen, aber der offenkundigste Aspekt der Karriere eines erfolgreichen revolutionären Banditen war das Avancement zum Grundbesitzer – genau wie bei den Besitzenden. Pancho Villa beschloß sein Leben als *hacendado,* in Lateinamerika natürliche Belohnung dessen, der sich darum bewirbt, ein *caudillo* zu werden – obwohl Pancho Villas Vergangenheit und Lebensstil ihm zweifellos eine weit größere Popularität gewannen, als den feinhäutigen kreolischen Aristokraten zugebillligt wurde. Das heroische und undisziplinierte Räuberleben machte einen Mann jedenfalls weder tauglich für die harte und dunkle Welt revolutionären Kämpfertums noch für die Legalität des Lebens nach der Revolution. In den Balkanländern, an deren Befreiung sie mitgearbeitet hatten, spielten anscheinend nur wenige der erfolgreichen aufständischen Banditen eine besondere Rolle. Oft genug dienen die heroischen Erinnerungen an das vorrevolutionäre Leben in der Freiheit der Berge und an den nationalen Aufstand bloß als immer ironischer anmutender Glanz für wehrbare, gewalttätige Banden in den neuen Staaten, die sich rivalisierenden politischen Bossen zur Verfügung halten, sofern sie nicht auf eigene Faust auf Menschenraub ausziehen oder zu persönlichem Nutzen Raubzüge unternehmen. Griechenland zehrte im 19. Jahrhundert vom Mythos der Klephtenromantik und entwickelte sich zu einem gewaltigen System militanter Raffgier und skrupellosen Schiebertums, in dem man sich derart Vorteil zu verschaffen wußte. Romantische Dichter, Volkskundler und Philhellenen hatten den Briganten des Hochlandes zu europäischem Renommee verholfen; etwa in den 1850er Jahren war dann M. Edmont About von der zerschlissenen Wirklichkeit der

»Bergkönige« weit mehr erschüttert als von den hochtra-
benden Phrasen des Klephtenruhms.

Zwiespältig, zweifelhaft und kurz war also der Beitrag der
Banditen zu den modernen Revolutionen. Darin lag auch
ihre Tragik. Sie konnten bestenfalls wie Moses das ge-
lobte Land wahrnehmen; es auch zu erreichen, gelang ihnen nicht. Typisch genug, begann die algerische Revolution
in den wilden Bergen von Aurès, einer alten Briganten-
gegend. Aber es war die Nationale Befreiungsarmee – alles
andere als eine typische Banditentruppe –, die dann die
Unabhängigkeit errang. Auch die Rote Armee Chinas war
bald keine Banditenschar mehr. Doch nicht genug damit:
Die mexikanische Revolution enthielt zwei bäuerliche
Hauptkomponenten, einerseits die typische Banditenbewe-
gung Pancho Villas im Norden, andrerseits die Bauern-
rebellion Zapatas in Morelos, die keinerlei Merkmale
des Banditentums aufwies. Militärisch gesehen, spielte Villa
eine weit bedeutendere nationale Rolle, doch änderte das
weder etwas an der Gestalt Mexikos, noch wurde dadurch
Villas eigener Nordwesten umgestaltet. Zapatas Bewegung
war regional beschränkt, er selbst wurde 1919 getötet, seine militärische Streitkraft war eher bedeutungslos, doch war
es gerade diese Bewegung, der die mexikanische Revolution ihr agrarreformerisches Element zu verdanken hatte.
Die Briganten schenkten der Revolution einen potentiellen
caudillo und eine Legende – immerhin die Legende vom
einzigen Anführer Mexikos, der in diesem Jahrhundert eine
Invasion des Gringoreiches versucht hat.* Zapatas Bewe-

* Die am spannendsten zu lesenden Belege dafür stammen aus dem
mexikanischen Dorf San José de Gracia im Hochland von Michoa-
can, das – wie so viele Dörfer dort – seine Wünsche dadurch zum
Ausdruck brachte, daß es unter dem Banner Christi den König
gegen die Revolution mobilisierte (als Teil der Cristero-Bewegung,
die uns durch Graham Greenes *Die Macht und die Herrlichkeit* bestens bekannt wurde). Der hervorragende Historiker des Ortes weist
darauf hin, daß das Dorf natürlich »die großen Persönlichkeiten
der Revolution verabscheute« – mit zwei Ausnahmen: Präsident Car-
denas (1934–40) wegen der Landverteilung und Beendigung der

gung der Bauern von Morelos schuf hingegen eine soziale Revolution – eine von den drei Revolutionen in der Geschichte Lateinamerikas, die diesen Namen verdienen.

Glaubensverfolgung und – Pancho Villa. »Diese sind zu Volksidolen geworden« [60]. In einer sehr ähnlichen Gemeinde desselben Gebietes, einem offensichtlich sonst der Literatur nicht sehr zugeneigten Ort, führte der Dorfladen noch 1971 die *Memorias de Pancho Villa*.

8. Die Expropriatoren

Zuletzt müssen wir uns einer Gruppe zuwenden, die man als »Quasi-Banditen« bezeichnen könnte: Revolutionäre, welche zwar nicht zur eigentlichen Welt von Robin Hood gehören, die sich aber auf die eine oder andere Weise gleicher Methoden wie dieser bedienen und vielleicht sogar seinen Mythos annehmen. Dafür mag es ideologische Gründe geben, etwa so wie man unter russischen Anarchisten den Banditen idealisierte und nach den Worten Bakunins als »echten und einzigen Revolutionär« bezeichnete, einen »Revolutionär ohne feingedrechselte Phrasen und ohne gelehrte Rhetorik, unversöhnlich, unermüdlich und unbezähmbar; ein Volks- und Sozialrevolutionär, der von aller Politik und von jedem Besitz unabhängig ist«.

Vielleicht spiegelt sich hier die Unreife von Revolutionären wider, die trotz ihrer neuen Ideologien in den Traditionen einer alten Welt befangen sind. Die anarchistischen Guerrilleros Andalusiens verfielen beispielsweise nach dem Bürgerkrieg von 1936/39 ganz selbstverständlich wieder in die Art der alten »Edelbandoleros«, so wie vordem die deutschen Wandergesellen zu Anfang des 19. Jahrhunderts ihre geheime revolutionäre Bruderschaft, welche dann schließlich zu Marx' »Bund der Kommunisten« werden sollte, als »Bund der Geächteten« bezeichneten. (Der christlich-kommunistische Schneider Weitling plante während eines gewissen Stadiums der Entwicklung einen Revolutionskrieg, den eine Armee Geächteter führen sollte.) Es mag aber auch Gründe technischer Art geben. So sind beispielsweise Guerilla-Bewegungen gezwungen, sich prinzipiell ähnlicher Taktiken zu bedienen wie die Sozialbanditen oder etwa auch die Randschichten illegaler revolutionärer Bewegungen, die von Agenten einer Mantel- und Degenkomödie bevölkert zu sein scheinen – Schmuggler, Terroristen, Fälscher, Spione und »Expropriatoren«. In diesem Kapitel werden wir uns vornehmlich mit der »Expropriation« befassen, wie die seit langem bestehende, taktvolle Bezeichnung für Raubzüge zur Versorgung von Revolutionären mit nötigem Nachschub lautet.

Die Geschichte dieser Enteignungstaktik harrt noch ihrer Beschreibung. Wahrscheinlich gehen ihre Anfänge auf jenen historischen Moment zurück, wo sich die Wege libertärer und autoritärer Strömungen der modernen revolutionären Bewegung kreuzten und sich die Jakobiner mit den Sansculotten trafen: bei Blanqui ausgehend von Bakunin. Gewiß stand die Wiege im zaristischen Rußland, wo in den sechziger und siebziger Jahren Anarchismus und Terrorismus ein bestimmtes Milieu kennzeichneten. Die Bombe, Standardausrüstung der russischen Expropriatoren zu Beginn des 20. Jahrhunderts, deutet auf die terroristische Herkunft. (In der Bankraub-Tradition des Westens, mochte sie nun politisch bestimmt oder ideologisch neutral sein, verwendete man stets Schußwaffen.) Anfänglich war der Ausdruck »Expropriation« nicht so sehr eine beschönigende Bezeichnung für Raubüberfälle als vielmehr typischer Ausdruck für jene unter Anarchisten häufige Verwirrung, die Aufruhr und Widerstand, Verbrechen und Revolution miteinander verwechselt – eine Verwirrung, die nicht nur den Gangster als wahrhaft freiheitsbewußten Rebellen ansieht, sondern sogar so einfache Aktionen wie etwa Plünderungen als einen ersten Schritt der Unterdrückten auf dem Weg zur spontanen Enteignung der Bourgeoisie. Die Exzesse einer irrsinnigen Randgruppe deklassierter Intellektueller, die sich solchen Phantasien hingaben, ernst zu nehmenden Anarchisten zum Vorwurf zu machen, wäre ungerecht. Andrerseits ist der Begriff »Expropriation« auch für sie mit der Zeit zu einem Terminus technicus geworden. Er bezeichnet einen Geldraub, der um einer guten Sache willen unternommen wird und sich gewöhnlich – und bezeichnenderweise – gegen die Symbole unpersönlicher Geldherrschaft, die Banken, richtet.

Es mutet nachgerade ironisch an, daß es nicht so sehr die lokalen und verstreuten direkten Aktionen der Anarchisten oder Narodniki waren, deren terroristischer Charakter die internationale revolutionäre Bewegung skandalisiert hatte, sondern daß es vielmehr die Unternehmungen der Bolschewiki während und nach der Revolution des Jahres 1905 waren, die Expropriationen zum Skandalon werden ließen. Besonders schockierend wirkte sich der große Raub von Tiflis (Tbilissi) im Jahre 1907 aus, durch den die Partei zu mehr als 200 000 Rubeln kam. Unglücklicherweise wurden da vor allem große und deswegen auffällige Banknoten erobert, die exilierte Anhänger wie etwa Litwinow – er wurde später Außenminister der UdSSR – oder L. B. Krassin – den nachmaligen Außenhandelsminister der Sowjetunion – beim Umwechseln mit der westlichen Polizei in Konflikt brachten. So hatten jene Kreise der russischen Sozialdemokratie, die Lenin schon längst wegen angeblicher »blanquistischer Tendenzen verdächtigten, neue Argumente erhalten, so wie man auch Stalin daraus einen Strick zu drehen versuchte, weil er als führender Bolschewik Transkaukasiens bei dieser Affäre seine Hände im Spiel gehabt hatte. Die Vorwürfe waren jedoch ungerecht. Lenins Bolschewiki unterschieden sich von anderen Sozialdemokraten bloß dadurch, daß sie keine bestimmte Form von revolutionärem Aktionismus *a priori* verwarfen – einschließlich der »Expropriationen«. Oder mit anderen Worten: sie frönten nicht der – auch bei anderen als nur bei den illegalen revolutionären Parteien und Behörden gut bekannten – scheinheiligen Doppelzüngigkeit, offiziell jene Praktiken zu verdammen, deren man sich im opportunen Moment dennoch bedienen wird, weil man sie für unbedingt nötig hält. Lenin war bemüht, die »Expropriationen«, so gut er nur konnte, von gewöhnlichen Verbrechen und desorganisierter Freibeuterei abzugrenzen, indem er ein wohldurchdachtes System der *Vorbehalte* aufrichtete: sie durften nur unter dem Schutz und der ausdrücklichen Anleitung der Partei unternommen werden; sie hatten sich im Rahmen sozialistischer Ideologie und Erziehung zu halten, um nicht etwa in Verbrechen und »Prostitution« auszuarten; sie durften sich bloß gegen Staatseigentum richten usw. Wenn Stalin damals »exprorriierte«, so war er dabei gewiß nicht weniger skrupellos als später, doch entsprachen seine Aktionen völlig der Parteistrategie. Und tatsächlich waren die »Expropriationen«, die im unruhigen und gewalttätigen Transkaukasien vorkamen, gar nicht die größten derartigen Aktionen – der Moskauer Überfall im Jahre 1906, bei dem 875 000 Rubel erbeutet wurden, war wahrscheinlich der größte Coup –, noch kamen sie hier öfters als anderswo vor. Wenn es überhaupt eine Gegend gab, die sich durch diese Art selbstlosen Raubens besonders auszeichnete, so war es Lettland. Während sozialistische Zeitungen gewöhnlich über Schenkungen berichten, gaben hier die bolschewistischen Zeitungen freimütig zu, daß die Partei einen Teil ihrer Einkünfte aus Expropriationen bezog.

Das Studium bolschewistischer »Expropriationen« ist also nicht der geeignetste Weg, um die Eigenarten dieser Quasi-Brigandage zu erfassen, während andrerseits der Verfasser dieses Buches über die bedeutendsten Enteignungen der sechziger Jahre dieses Jahrhunderts, die in Lateinamerika von den verschiedensten Revolutionären durchgeführt wurden, nicht genügend Bescheid weiß, um interessante Feststellungen treffen zu können. Die offiziell marxistischen Überfälle demonstrieren lediglich die selbstverständliche Tatsache, daß derlei Unternehmungen einen bestimmten Typus militanter Männer anziehen, und zwar Leute, die sich zwar oftmals nach einer höheren Stellung sehnen würden, in der sie dann theoretische Erklärungen verfassen oder bei größeren Zusammenkünften vor einem Auditorium sprechen könnten, die aber dennoch, mit einem Gewehr in der Hand und auf die eigene Geistesgegenwart angewiesen, viel glücklicher sind. Ein glänzendes Beispiel eines solchen politischen Pistolenschützen war der außerordentlich tapfere und zähe Armenier Kamo (Semjon Arschakowitsch Ter-Petrossjan, 1882–1922). Dieser Terrorist auf seiten der Bolschewisten organisierte die Expropriation von Tiflis. Für persönliche Bedürfnisse gab er aus prinzipiellen Gründen nicht mehr als 50 Kopeken täglich aus. Sein lange gehegter Wunsch, sich gründlich in marxistischer Theorie auszubilden, ging erst nach Ende des Bürgerkrieges in Erfüllung, doch sehnte er sich schon bald wieder nach dem Reiz direkter Aktionen. 1922 kam er bei einem Fahrradunfall ums Leben, was vielleicht sein Glück gewesen ist, denn weder sein Alter noch die in den folgenden Jahren in der Sowjetunion herrschende Atmosphäre hätten seinem Typus eines Altbolschewisten entsprochen.

Leser, die kaum eine Vorstellung von solchen ideologischen Banditen haben, werden das Phänomen »Expropriation« wohl am ehesten durch die Darstellung eines dieser Sozialbanditen erfassen. Ich wählte den Fall des Francisco Sabaté Llopart (1913–60), der einer Gruppe anarchistischer Guerrilleros angehörte, die nach dem Zweiten Weltkrieg von Stützpunkten in Frankreich aus in Katalonien operierten. Heute sind nahezu alle Mitglieder tot oder gefangen: die Brüder Sabaté, José Lluis Facerias (Kellner aus dem Barrio Chino in Barcelona, wahrscheinlich der Fähigste und Intelligenteste unter ihnen), Ramon Capdevila »Caraquemada« (das »verbrannte Gesicht«, ein ehemaliger Boxer, war vermutlich der Stärkste unter ihnen, er kam auch als letzter um, nämlich 1963), Jaime Pares »El Abissinio« (ein Fabrikarbeiter), José Lopez Penedo, Julio Rodriguez »El Cubano«, Paco Martinez, Santiago Amir Gruana »El Sheriff«, Pedro Adrover Font »El Yayo«, der junge und stets hungrige José Pedrez Pedrero »Tragapanes«, der Pazifist Victor Espallargas (der an den Banküberfällen aus moralischen Prinzipien niemals anders als unbewaffnet teilnahm) sowie noch die Namen mancher anderer, die heute

Wu Sung, Befehlshaber der Banditeninfanterie des
»Schui Hu Tschuan«, auf einer Illustration aus dem
16. Jahrhundert. Er wurde als »groß, schön, mächtig,
heroisch, erfahren in den Militärkünsten« und als
Trinker beschrieben. Nachdem er einen Feind aus
Rache getötet hatte, wurde er Außenseiter und Bandit.

Tschieh Tschen, ein Bandit aus dem Schui Hu
Tschuan, das, vermutlich auf früheren Erzählungen
basierend, im 13. Jahrhundert geschrieben wurde. Er
wurde als schlank, groß, sonnengebräunt und jäh-
zornig beschrieben. Der spätere Jäger und Bandit soll
eine Waise aus Schan Tung gewesen sein.

Hinrichtung der Piraten von Namoa, 1891. Die Insel vor Swatow war ein berüchtigtes Piratenzentrum und in jenem Jahr Schauplatz einer Rebellion. Ob die Geköpften Piraten, Rebellen oder beides zugleich sind, wissen wir nicht. Neben den Toten stehen britische Sahibs.

Zwei aneinandergekettete Banditen aus Setschuan erwarten im Gefängnishof ihre Hinrichtung. Beide gehörten dem Lolo-Stamm an, der gleich vielen anderen Stämmen im Grenzgebiet von Transportüberfällen lebte.

Die Pindari, beschrieben als »wohlbekannte Klasse professioneller Freibeuter«, beteiligten sich an den Beutezügen der Maratha, bis sich die Überlebenden nach den ›Befriedungsaktionen‹ der Briten als Bauern niederließen.

Semjon Arschakowitsch *Ter-Petrossjan ›Kamo‹* (1882–1922), bolschewistischer Berufsrevolutionär von sprichwörtlicher Tapferkeit. und
Ausdauer, war Organisator des legendären Coups von Tiflis, 1907.

Francisco Sabaté ›El Quico‹, Anarchist und Expropriator Kataloniens, im Jahre 1957 in seiner Ausrüstung als Grenzgänger.

nur mehr in den Polizeiarchiven und in der Erinnerung ihrer Familien oder einiger weniger Anarchistenkreise lebendig sind.

Barcelona, die zwischen Hügeln eingezwängte, turbulente Hauptstadt proletarischer Aufstände, war der Maquis der Gruppe, obwohl sie über das Leben in den Bergen genügend Bescheid wußten, um zwischen Stadt und Bergen hin und her wechseln zu können. Ihre Transportmittel waren requirierte Taxis und gestohlene Autos, Bushaltestellen oder die Eingänge von Fußballstadien ihre bevorzugten Treffpunkte. Zur Ausrüstung gehörten sowohl die typischen Regenmäntel, die sich unter bewaffneten Aktivisten zwischen Dublin und dem Mittelmeer überall größter Beliebtheit erfreuen, als auch Einkaufstaschen und Aktenmappen, in denen man Bomben und Schußwaffen verbirgt. Was ihr Motiv betrifft, war es »die Idee« der Anarchie: der wahnhafte Traum von der völligen Kompromißlosigkeit, dem wir alle nachhängen, den aber außer Spaniern nur selten einer um den Preis der Entmachtung und Zerschlagung der Arbeiterbewegung zu leben versuchte. In ihrer Welt würden die Menschen von nichts anderem beherrscht als von der Moral, die unter dem Diktat des Gewissens steht. Eine Welt ohne Armut, ohne Staat, ohne Gefängnisse, ohne Polizei, ohne Zwang und Disziplin, sofern es nicht die Disziplin der inneren Erleuchtung ist; eine Welt, in der es keine anderen Bindungen gibt als jene der Liebe und Brüderlichkeit, eine Welt ohne Lügen, ohne Eigentum und ohne Bürokratie. Da sind die Menschen so rein wie Sabaté, der niemals rauchte und der nur zum Essen trank, das auch dann so frugal wie das Mahl eines Hirten blieb, wenn er gerade erst eine Bank ausgeraubt hatte. In dieser Welt werden die Menschen durch Vernunft und Aufklärung aus der Dunkelheit ans Licht geleitet. Zwischen uns und diesem Ideal stehen keine anderen als die Mächte der Hölle: Bourgeoisie, Faschismus, Stalinismus und sogar abtrünnige Anarchisten. Diese Kräfte gilt es fortzuräumen, ohne natürlich dabei selbst den teuflischen Fallen der Bürokratie und des Drills zu erliegen. In solch einer Welt ist man zugleich Bandit und Moralist. Das Gewehr dient nicht bloß dazu, Feinde zu erschießen, sondern verschafft auch jenen, die weder durch große Reden noch mit der Feder ihre Träume darstellen können, eine Ausdrucksmöglichkeit. Die Propaganda der Tat ersetzt die Propaganda des Wortes.

Während des großen moralischen Erwachens nach Ausrufung der spanischen Republik im Jahre 1931 entdeckte Francisco Sabaté Llopart »El Quico« zusammen mit anderen, die zur Generation der damals dreizehn- bis achtzehnjährigen Arbeiterjugendlichen Barcelonas gehörten, »die Idee«. Er war eines von fünf Kindern. Sein Vater war Gemeindewächter in einem Vorort von Barcelona – Hospitalet de Llobregat – und hatte keinerlei politisches Interesse. Die Söhne hingegen hegten »linke Sympathien«, wofür ihnen Pepe, der Älteste, das Vorbild war; eine Ausnahme war der nervös überspannte Juan, er wollte Priester werden. Von den fünf Sabaté-Kindern leben heute nur noch zwei. Francisco wurde Klempner. Obwohl er sich später größte Mühe gab, Rousseau, Herbert Spencer und Bakunin zu lesen, um, wenn nötig, in Debatten als Anarchist seinen Mann stehen zu können, war er kein großer Leser. (Seine beiden Töchter, die im Lycée von Toulouse nur *L'Express* und *France-Observateur* lasen, machten ihn allerdings noch stolzer.) Trotzdem war er kein »Halbgebildeter«, wie ihm die Franco-Justiz nachsagte, was ihn tief verletzte.

Als er sich der freiheitlichen Jugendorganisation anschloß, war Sabaté siebzehn Jahre alt. In den Athenäen, wo militante Jugendliche sich bilden und inspirieren ließen, begann er herrliche Wahrheiten in sich aufzunehmen. Wenn man zu jener Zeit in Barcelona politisch bewußt lebte, so wurde man mit großer Wahrscheinlichkeit zum Anarchisten, wie man sich etwa in Aberavon in Wales der Labour Party angeschlossen hätte. Doch kann man seinem eigenen Schicksal nicht entrinnen. Sabaté war schon von Natur sein weiteres Leben vorgeschrieben. So wie es Frauen gibt, die erst im Bett ganz sie selbst werden, gibt es Männer, die sich erst verwirklichen können, wenn sie aktiv werden und handeln. Sabaté war einer von ihnen: untersetzt, schien er kleiner zu sein, als er tatsächlich war, obwohl er nicht ganz so muskulös war, wie es eigentlich den Anschein hatte, mit starkem Kiefer und buschigen Augenbrauen. Untätigkeit machte ihn unbeholfen und nervös. Er vermochte kaum, in einem Lehnsessel zu sitzen und sich dabei noch wohl zu fühlen, geschweige denn, es in einem Café auszuhalten, wo er nach Art eines Revolverhelden automatisch einen Platz mit Rückendeckung aufsuchte, von wo man die Eingangstür im Auge behalten konnte und wo es zum Hinterausgang nicht weit war. Sobald er aber mit seiner Schußwaffe an einer Straßenecke stand, wurde er gelöst, entspannt und auf seine mürrische Weise geradezu strahlend. »Muy sereno« soll er nach Aussage seiner Kameraden in solchen Augenblicken gewesen sein, sich seiner Instinkte und Reflexe völlig sicher sowie mit einer Witterung für Kommendes begabt, die durch Erfahrung zwar perfektioniert, nicht jedoch erlernt werden kann; vor allem war er sich aber seines Mutes und seines guten Sternes sicher. Ohne solche natürliche Begabung hätte Sabaté denn auch nicht so lange als »Outlaw« leben können: fast zweiundzwanzig Jahre, die nur durch Haft unterbrochen wurden.

Schon sehr bald scheint er zu den *grupos especificos* gehört zu haben, jenen Aktionseinheiten freiheitlicher Jugendlicher, die ihre Kräfte mit der Polizei maßen, Reaktionäre umbrachten, Gefangene befreiten und Banken expropriierten, um mit dem erbeuteten Geld eine kleine Zeitung zu finanzieren. (Der Widerwille der Anarchisten gegen Organisation machte es schwierig, auf ordentliche Weise geregelte Geldquellen zu erschließen.) Sabatés Tätigkeit war rein lokaler Natur. Noch im Jahre 1936 war er nichts als nur ein Mitglied des revolutionären Komitees von Hospitalet. Er hatte inzwischen geheiratet – oder eigentlich demonstrativ *nicht* geheiratet. Seine Frau war ein Dienstmädchen aus Valencia, die einen ebenso klassisch einfachen Charakter hatte wie er selbst. In der Kolonne des García Oliver *Los Aguiluchos* (die »Jungen Adler«) zog er als Zenturio an die Bürgerkriegsfront, d. h. als Kommandeur einer Gruppe von hundert Kämpfern. Da Sabatés Talent nicht auf dem Gebiet orthodoxer Führungsstrategie lag, wurde er bald auf ein Nebengleis abgeschoben: man machte ihn zum Zeugmeister, wobei ihm seine Erfahrung mit Feuerwaffen und Sprengstoffen gelegen kam. Sowohl zum persönlichen Kampf als auch zur Beschäftigung mit Apparaturen hatte Sabaté eine natürliche Neigung. Er war einer von jenen, die sich aus Schrott und Abfall ein Motorrad zusammenbauen können. Offizier wurde er nie.

Bis zur Schlacht von Teruel kämpfte er still mit seiner Kolonne zusammen (sie ging später in der 28. Ascaso-Division auf, die unter dem Kommando Gregorio Jovers stand). Da er nicht in eine Spezial-Guerilla-Einheit eingezogen wurde, kann man vermuten, daß sein wahres Talent unerkannt blieb. Während der Schlacht von Teruel desertierte er. Die offizielle Erklärung dafür ist, daß er mit den Kommunisten Streit gehabt haben soll, was durchaus wahrscheinlich ist. Sabaté kehrte wieder in den Untergrund von Barcelona zurück, den er fortan bis zu seinem Lebensende aus praktischen Gründen nicht mehr verließ.

Seine erste Unternehmung gegen die »Stalino-bourgeoise Koalition« galt der Befreiung eines Kameraden, der im Kampf mit der (republikanischen) Polizei verwundet worden war. Die nächste – noch immer unter der Befehlsgewalt des anarchistischen »Jugendkomitees zur Befreiung« – galt gleichfalls einer Befreiung: vier Männer, die nach dem Maiaufstand des Jahres 1937 verhaftet worden waren, sollten entkommen, als sie von dem einen Pol der Anarchistenwelt in den anderen übergeführt wurden – vom »Modellgefängnis« in die Festung von Montjuich. Dann kam Sabaté selbst nach Montjuich und versuchte zu entkommen. Seine Frau schmuggelte ihm eine Feuerwaffe ins nächste seiner Gefängnisse, den Kerker von Vich. Er schoß sich den Weg frei – und war von nun an ein Gezeichneter. Seinen Kameraden gelang es, ihn dadurch zu decken, daß sie ihn mit einer Anarchisteneinheit (der 26. Durruti-Division) an die Front schickten, wo er bis zum Kriegsende blieb. Für Leser, die mit dem Anarchistentum nicht vertraut sind, sei bemerkt, daß Sabatés Sympathien für die Sache der Republikaner trotz all dieser erstaunlichen Vorkommnisse ebensowenig erschüttert wurden wie sein Haß gegen Franco.

Kriegsende. Nach dem üblichen Aufenthalt in einem der französischen Konzentrationslager arbeitete er als Mechaniker in der Nähe von Angoulême. (Damals befand sich sein Bruder Pepe, der Offizier gewesen war, in einem Gefängnis in Valencia, während der kleine Manolo kaum zwölf Jahre alt war.) In Frankreich überraschte ihn die deutsche Besetzung, und Sabaté tauchte wieder unter. An Aktionen der französischen Résistance nahm er im Gegensatz zu vielen anderen spanischen Flüchtlingen kaum teil. Seine Leidenschaft hieß Spanien. Um 1942 war er schon wieder an der Grenze in den Pyrenäen. Er ist zwar krank, doch beherrscht ihn die Sehnsucht, Überfälle zu unternehmen. Von dieser Zeit an ist er auf eigene Faust tätig. Er rekognosziert die Grenze.

Anfänglich zog Sabaté als Monteur und Allround-Mechaniker in den Bergen von Gehöft zu Gehöft. Dann schloß er sich für eine Weile einer Schmugglerbande an. Schließlich errichtete er sich seine beiden eigenen Stützpunkte. In Mas Casenobe Loubette bei Coustouges ließ er sich in der Sichtweite Spaniens als Kleinbauer nieder: Das Gebiet zwischen La Preste und Ceret sollte von nun an »sein Revier« bleiben. Dort kannte er Land und Leute, dort hatte er seine Lager und Depots. Das wurde ihm schließlich zum Verhängnis, denn in diesem auf wenige Quadratkilometer begrenzten Gebiet konnte ihn die Polizei leicht finden. Das schien unvermeidlich. Gut ausgebildeten Organisationen gelingt es, Kuriere und Guerrilleros überall zwischen Irun und Port Bou durchzuschleusen. Kleine Unternehmungen macht der ortsansässige anarchistische Untergrund, der außerhalb des Gebietes, auf dem er tätig ist, im dunkeln tappt. Sabaté kannte seinen Gebirgsabschnitt so gut, wie er die Straßen nach Barcelona kannte. Vor allem kannte er aber diese Stadt selbst. Dies alles war sein Herrschaftsbereich. Nur hier und nirgends sonst in Spanien unternahm er etwas.

Vor dem Frühjahr 1945 scheint er keine Überfälle gemacht zu haben, obwohl er als Führer und vielleicht auch bisweilen als Verbindungsmann gearbeitet haben mag. In jenem Mai begann er sich einen Namen zu machen, als er mitten in Barcelona einen Kameraden aus den Händen der Polizei befreite. Danach folgten jene Ereignisse, durch die aus ihm ein Held werden sollte. In Bañolas, wo man sich stets zu trennen pflegte, nachdem man gemeinsam die Berge überschritten hatte, zog eine seiner Guerrillero-Gruppen die Aufmerksamkeit der Zivilgarde auf sich. Die Gendarmen drohten mit Waffen herum, aber Sabaté, der stets peinlich genau bedacht war, erst dann zu schießen, wenn der Gegner ihn bedrohte, erschoß einen und entwaffnete einen anderen. Er vermied das Getümmel, indem er ruhig zu Fuß nach Barcelona weiterging. Als er dort ankam, war die Polizei schon informiert worden und hatte beim üblichen Treffpunkt – einer Milchbar in der Calle Santa Teresa – einen Hinterhalt vorbereitet. Für solche Hinterhalte hatte Sabaté einen unglaublichen Spürsinn. Als ihm nun vier Arbeiter entgegenkamen, die ganz friedlich miteinander plauderten, wußte er, daß es Polizisten waren. Er ging ihnen langsam und unbekümmert *entgegen,* um zehn Meter vor ihnen die Maschinenpistole in Anschlag zu bringen.

Im Krieg zwischen Polizei und Terroristen kommt es sowohl auf die Schußwaffen als auch auf die Nerven an; wer sich fürchtet, der hat die Initiative verloren. Und Sabatés einzigartige Laufbahn nach 1945 lag in der moralischen Überlegenheit, mit der er bewußt den Polizisten, wo immer dies möglich war, *entgegen*ging. Jene vier Verkleideten verloren denn auch die Nerven: sie suchten Deckung, begannen blindlings herumzuknallen, und »El Quico« entkam, ohne einen einzigen Schuß abgegeben zu haben.

Daß er nun nach Hause ging, um ein Treffen mit seinem Bruder Pepe zu vereinbaren, der eben aus dem Gefängnis von Valencia gekommen war, ist ein Zeichen für Sabatés damalige Unerfahrenheit. Das Haus wurde schon beobachtet. Sabaté betrat es nur für einen Augenblick, um eine Nachricht für den Bruder zu hinterlassen, und verließ es sogleich durch die Hintertür, um in den Wäldern zu schlafen. Das scheint die Polizei überrumpelt zu haben. Als er aber am nächsten Morgen wieder zurückkam und den Hinterhalt bemerkte, war es schon zu spät: Polizeiautos verstellten ihm den Weg. Er ging unbekümmert an ihnen vorüber. Er konnte nicht wissen, daß sich in den Autos zwei gefangene Anarchisten befanden, die ihn identifizieren sollten, was sie jedoch nicht taten. Nur dadurch konnte sich Sabaté in Sicherheit bringen.

Um seiner Rolle zu entsprechen, braucht der Held Mut, und Sabaté hatte seinen Mut bewiesen. Ein Held muß aber auch schlau und scharfsinnig sein. Überdies braucht er Glück, oder – um es mythisch zu sagen – er muß unverwundbar sein. Wenn er Fallen sowohl bemerkt als auch zu umgehen vermag, dann hat er für jene Eigenschaften durchaus den Beweis erbracht. Ein Held braucht aber auch Siege, und dafür standen die Beweise noch aus. Sie würden aber außer durch Tötung von Polizisten nach rationalem Ermessen wohl kaum zu erbringen sein. Aber für die Armen, die Unterdrückten und Unwissenden, deren Horizont kaum bis zur Stadtgrenze reicht, sondern meistens nur bis zur Grenze ihres *barrio,* ist es schon Sieg genug, wenn es einem »Outlaw« überhaupt gelingt, trotz der konzentrierten Macht der Reichen und ihrer Schergen und Kerkermeister zu überleben. Daß Sabaté dazu fähig wäre, bezweifelte in Barcelona – einer Stadt, die mehr kompetente Richter zur Beurteilung von Rebellenqualitäten hervorbringt, als fast jede andere – keiner mehr; Sabaté selbst am allerwenigsten.

Von 1944 bis zu Anfang der 1950er Jahre wurde systematisch versucht, das Franco-Regimè entweder durch private Invasionen von Frankreich her zu stürzen oder – weit ernstlicher – durch Guerilla-Aktionen. Das ist zwar nicht allgemein bekannt, obwohl die Versuche der Guerrilleros keineswegs harmlos waren. Offizielle kommunistische Quellen verzeichnen 5 371 solcher Versuche zwischen 1944 und 1949, wobei das Jahr 1947 mit 1 317 Aktionen den Höhepunkt brachte. Nach Berichten der Franco-Behörden sollen allein im größten Maquis der Insurgenten, im südlichen Aragonien, die Verluste der Guerrilleros 400 Mann betragen haben [61]. Obwohl die Guerrilleros eigentlich in allen Berggegenden Spaniens operierten, insbesondere jedoch im Norden und Süden von Aragonien, waren die katalanischen Guerrilleros – fast durchweg Anarchisten – im Unterschied zu den anderen Gruppen recht bedeutungslos, was ihre militärische Wirkung betrifft. Sie waren allzu schlecht organisiert und ohne Disziplin, verfolgten bloß die Ziele des eigenen Kaders und waren selbst viel zu kurzsichtig. Inmitten solcher Anarchisteneinheiten operierte Sabaté.

Menschen seines Schlages läßt alle hohe Politik unberührt; Taktik und Strategien interessieren sie nicht. Derlei wird von ihnen höchstens als verschwommene Realität wahrgenommen, die nur lebendig ist, weil sie ein Symbol der Verderbtheit ist. In ihrer abstrakten Welt stehen auf der einen Seite die mit Maschinenpistolen bewaffneten Freien, auf der anderen befinden sich Gendarmen, Polizei und

Kerker – sie alle als Sinnbilder der menschlichen Existenz, dazwischen eine geduckte Menge noch unentschiedener Arbeiter, die sich eines Tages – vielleicht morgen schon? – zu stolzer Größe erheben würden, nachdem sie dazu durch Beispiele der Moral und des Heldentums inspiriert wurden. Für ihre heroischen Aktionen hatten Sabaté und seine Freunde politische Rationalisierungen gefunden: um gegen ein Votum der Vereinten Nationen zu protestieren, hinterlegte er in einem lateinamerikanischen Konsulat Bomben; aus selbstgebastelten Bazookas schoß er über einem Fußballplatz Flugblätter ab, um Propaganda zu machen; er zwang die Besucher einer Bar mit vorgehaltener Pistole, sich eine Anti-Franco-Rede anzuhören, die man ihnen vom Tonband abspielte, und er raubte Banken aus, um dem Interesse der Sache zu dienen. Jene, die Sabaté gekannt haben, sind allgemein der Ansicht, daß ihm die exemplarische Aktion viel wichtiger war als der Erfolg. Unwiderstehlich und quälend war für ihn der Drang, in Spanien Überfälle zu unternehmen, ebenso ein treibendes Moment wie das ewige Duell zwischen den Streitbaren und dem Staat – Solidarität mit eingekerkerten Kameraden und Haß gegen die Polizei. Außenstehende mögen sich wundern, wieso keine dieser Gruppen je ernstlich den Versuch unternahm, General Franco oder wenigstens den Oberbefehlshaber von Katalonien zu ermorden, sondern bloß Sr. Quintela töten zu wollen. Dieser Polizeihauptmann von Barcelona war jedoch der Anführer der »Sozialbrigade«, und es wurde ihm nachgesagt, er hätte mit eigenen Händen Guerrilleros gefoltert. Als Sabaté die Ermordung dieses Mannes plante, fand er, daß, unabhängig von ihm, schon andere Gruppen die gleiche Spur verfolgten, was für die mangelnde Koordination der Anarchisten nachgerade typisch war.

Heroische Aktionen und Demonstrationsakte kamen nach 1945 immer häufiger vor. Offizielle Berichte – allerdings sind die nicht ganz verläßlich – schreiben Sabaté fünf

Überfälle im Jahre 1947 zu, einen im Jahre 1948 und nicht weniger als fünfzehn im Jahre 1949, dem Jahr des Höhepunktes und der Katastrophe der Guerilla von Barcelona. Im Januar 1949 suchte Sabaté Mittel zu erschließen, um einigen Häftlingen beistehen zu können, nachdem ihm ein gewisser Ballester, dem die Polizei auf der Spur war, aus dem Gefängnis eine Liste dieser Männer zugespielt hatte. Im Februar erschoß Pepe Sabaté einen Polizisten, als dieser den Brüdern bei ihrem Treffpunkt am Eingang zum Condal-Kino auflauerte. Kurz danach überraschte die Polizei Pepe Sabaté und José Lopez Penedo, als sie gerade in La Torrasa schliefen (einem Vorort, in dem Flamenco-Sänger, Einwanderer aus dem Süden, leben): Schießerei zwischen Eingangstür und Speisezimmer, Lopez fällt, Pepe rettet sich verwundet und halbnackt, indem er in den Fluß Llobregat springt; einem Passanten werden die Kleider abgenommen, Pepe geht sieben Kilometer bis zum sicheren Versteck, wo er seinen Bruder trifft. Dieser sucht ihm einen Arzt und kümmert sich um den Abtransport nach Frankreich.

Francisco Sabaté und die Gruppe »Los Manos« (junge Aragonier) taten sich im März zusammen, um Quintela zu töten, doch mißlang ihr Attentat, es wurden nur einige unbedeutende Falangisten getötet. (Um die Polizei zu verstören, hatte jemand eine Schreckparole ausgegeben, die zur Folge hatte, daß sich die Exekutive zwar fürchtete, zugleich aber auch gewarnt war.) Im Mai verbündeten sich Sabaté und Facerias und legten in den Konsulaten von Brasilien, Peru und Bolivien Bomben, wobei Sabaté einmal den Zeitmechanismus der Höllenmaschine, nachdem schon Alarm gegeben worden war, gelassen änderte und auf sofortige Detonation einstellte; manche Bombe wurde von ihm bloß mit Hilfe einer Angelrute gelegt. Im Herbst hatte die Polizei die Situation wieder unter Kontrolle. Pepe Sabaté fiel im Oktober; eben erst dem einen Hinterhalt entronnen, wobei ein Polizist auf der Strecke geblieben war, hatte er eine Falle übersehen. In jenem Monat kam überhaupt die Mehrzahl der Guerrilleros um.

Ein anderer Bruder Sabatés fiel im Dezember: Manolo, der jüngste der fünf Brüder, war niemals ein Mann »der Idee« gewesen. Er hatte eigentlich Torero werden wollen. Er hatte die Familie als Teenager verlassen, um sich den *novilladas* in Andalusien anzuschließen, doch war das Abenteuer, dem seine Brüder anhingen, nicht weniger verführerisch. Sie nahmen ihn aber nicht bei sich auf, sondern legten ihm nahe, zu studieren und durch Bildung weiterzukommen. Der Name Sabaté erschloß Manolo jedoch den Eingang in die Gruppe des gefürchteten Ramon Capdevila (»Caraquemada«, das »verbrannte Gesicht«), eines ehemaligen Boxers, der den Boxring aufgab, nachdem er mit »der Idee« in Berührung gekommen war, und der nunmehr ein Sprengstofffachmann mit beachtlicher Erfahrung geworden war. Diese Guerilla-Einheit war eine der wenigen, die einigermaßen sinnvolle Sabotage betrieb, wenn sie etwa die Hochspannungsmasten der Gegend in die Luft sprengte. Nach einem Zusammenstoß mit der Polizei verirrte sich Manolo in den Bergen und wurde festgenommen. Der Name Sabaté genügte, damit er hingerichtet werde. Er wurde 1950 erschossen; eine französische Uhr war seine einzige Hinterlassenschaft.

Damals war Francisco Sabaté schon nicht mehr in Spanien. Daß er beinahe sechs Jahre außer Landes bleiben mußte, war auf Schwierigkeiten zurückzuführen, die ihm vor allem durch Konflikte mit der französischen Polizei erwachsen waren. Es hatte schon 1948 begonnen, als er auf einer seiner zahllosen Fahrten zur Grenze von einem Gendarmen angehalten worden war. (Sabaté bevorzugte Mietwagen, um selbst freie Hände zu haben.) Damals hatte den Kopf verloren und die Flucht ergriffen. Erst war seine Maschinenpistole gefunden worden, später erbeutete man eine beträchtliche Sammlung belastenden Materials auf seiner Farm in Coustouges (Sprengstoffe, Funkgeräte etc.), so daß man ihn im November in Abwesenheit zu drei Jahren Gefängnis und zu einer Geldstrafe von 50 000 französischen Francs verurteilte. Auf Anraten legte Sabaté Berufung gegen das Urteil ein. Erst wurde die Strafe auf harmlose zwei Monate herabgesetzt, dann wieder auf sechs Monate erhöht. Francisco Sabaté wurde überdies noch auf fünf Jahre aus der Gegend verwiesen (»interdiction de séjour«); wenn er sich also der Grenze näherte – auch von französischer Seite aus! –, so war dies von nun an illegal, und auch fernab der Pyrenäen stand er unter polizeilicher Überwachung.

Da Sabaté von der französischen Polizei noch wegen einer anderen, weit ernsteren Sache belangt wurde, blieb er ein ganzes Jahr im Gefängnis. Es handelte sich um einen Überfall auf eine Fabrik (Rhône-Poulenc) im Mai 1948, bei dem ein Nachtwächter getötet wurde. Es ist für die bedenkliche Realitätsferne dieser Anarchisten durchaus typisch, daß sie bloß um der guten Sache willen genauso selbstverständlich die Bourgeoisie in Lyon expropriierten, obwohl doch die Existenz dieser Aktivisten von der wohlwollenden Blindheit der französischen Behörden abhing. (Solche Überfälle zu vermeiden, war einzig Facerias intelligent genug; Banken, die er außerhalb Spaniens ausplünderte, standen in Italien.) Daß sie überdies eine Spur hinter sich ließen, die kaum weniger auffallend war als eine Rollbahn, ist gleichfalls typisch. Wenn Sabaté der inkriminierte Tatbestand niemals zweifelsfrei nachgewiesen werden konnte, so war dies eine Leistung hervorragender Rechtsanwälte. (Die Polizei hatte allerdings einmal die Geduld verloren, und nachdem sie Sabaté einige Tage lang geprügelt hatte, ein Geständnis erhalten; dies behaupteten seine Anwälte. Es klingt gar nicht unwahrscheinlich.) Nach vier Vertagungen (non-lieus) waren die Akten nach Sabatés Tod noch immer nicht geschlossen. Abgesehen vom beträchtlichen Verdruß, kostete ihn diese Angelegenheit zwei Jahre, die er im Gefängnis verbringen mußte, die beste Zeit.

Als es ihm schließlich gelang, wenigstens vorübergehend seinen Hals aus der Schlinge zu befreien, fand Sabaté eine völlig veränderte politische Szenerie vor. Sämtliche Parteien hatten zu Beginn der fünfziger Jahre die Strategien der Guerrilleros zugunsten realistischerer Taktiken aufgegeben. So standen die militanten Aktionisten allein da.

Es war ein schwerer Schlag für Sabaté. Er war außerstande, Instruktionen zu befolgen, mit denen er nicht einverstanden war, doch war er andrerseits ein loyaler Mensch, und es bereitete ihm fast physische Schmerzen, daß er nun nicht mehr die Billigung der Genossen besaß, und bis an sein Lebensende unternahm er ständig Versuche, sie zurückzugewinnen, doch blieben seine Bemühungen ohne Erfolg. Da konnte auch der Vorschlag, ihn in Lateinamerika anzusiedeln, nichts gutmachen, oder wäre es etwa für Othello ein Trost gewesen, wenn man ihm anstatt der Armee ein Konsularamt in Paris angeboten hätte? So finden wir Francisco Sabaté im April 1955 neuerdings in Barcelona. Er tat sich zu Beginn des folgenden Jahres mit Facerias zu einer gemeinsamen Operation zusammen, doch trennten sich die Wege der beiden Individualisten schon nach kurzer Zeit. Er blieb ein paar Monate, um eine kleine Zeitung (*El Combate*) herauszugeben, und mittels einer Bombenattrappe gelang es ihm, den Banco Central auszurauben. Im November erbeutete er dann in der großen Textilfirma Cubiertos y Tejados nahezu eine Million Peseten.

Danach begann sich die französische Polizei – auf einen Wink der Spanier hin – neuerlich für ihn zu interessieren. Er verlor seinen Stützpunkt in La Preste und kam wieder ins Gefängnis. Im Mai 1958 war er zwar wieder frei, doch blieb er nach einer schweren Ulkusoperation monatelang aktionsunfähig. Inzwischen war auch Facerias umgekommen. Sabaté plante sein nächstes und letztes Unternehmen.

Abgesehen von ein paar Freunden, war er ganz auf sich gestellt. Die schweigende Mißbilligung der »Organisation« schien nachgerade den Faschisten und Bourgeois Vorschub

Der monumentale Bandit: Brigantenkopf von Salvator Rosa
(1615–1673).

Der statuarische Bandit: Banditenhauptmann von Salvator Rosa; englischer Stich aus dem 18. Jahrhundert.

Der grausame Bandit: einer von mehreren Entwürfen zu diesem Thema von Francisco Goya y Lucientes (1746–1828).

Der sentimentale Bandit: »Apenninenbandit« von Sir Charles Eastlake (1793–1865).

Oben: Der theatralische Bandit: »Brigands« von Jean-Baptiste Thomas (1781–1854).

Unten: Der opernhafte Bandit: »Verratener Bandit« von Jean-Emile-Horace Vernet (1789–1863); typisches Bemühen dieses Künstlers war es, Bürgern ›exotische Szenen‹ zu bieten.

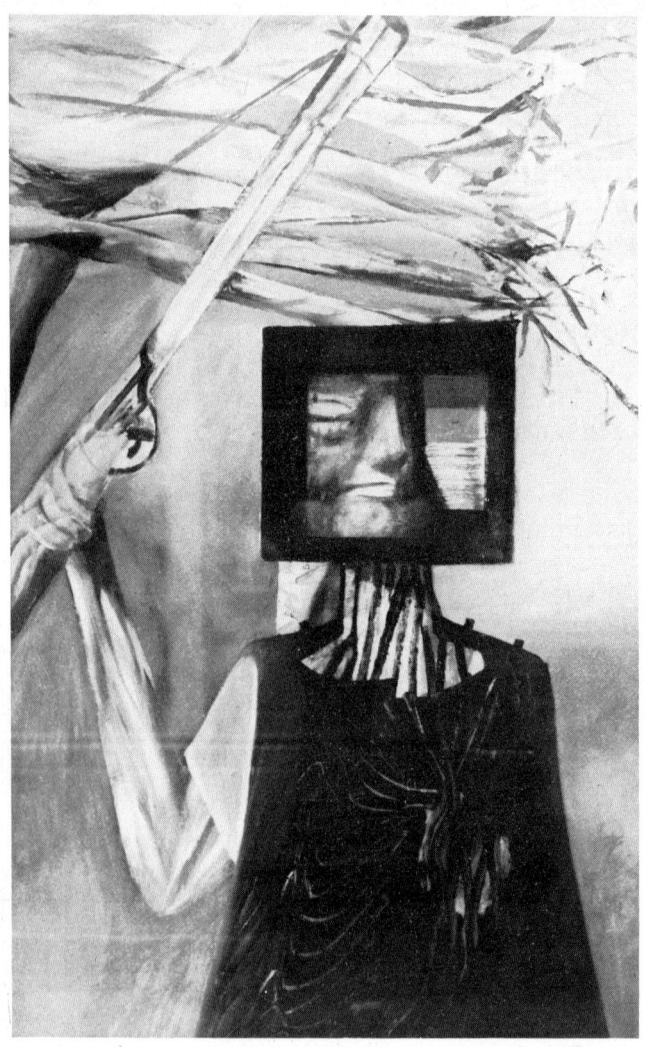

Der Bandit als Symbol: der legendäre »bushranger« Ned Kelly (1854–1880) mit seiner selbstverfertigten Rüstung in einer der zahlreichen Darstellungen des Australiers Sidney Nolan aus dem Jahre 1956.

zu leisten, von denen Sabaté als ganz gewöhnlicher Bandit verfolgt wurde. Sogar seine Freunde gaben ihm zu verstehen, daß jeder weitere Überfall einem Selbstmordversuch gleichkäme. Mit dieser Ansicht sollten sie denn auch recht behalten. Sabaté war stark gealtert. Außer dem Ruf, ein tapferer Held zu sein, und einer leidenschaftlichen persönlichen Überzeugung, die den sonst wenig beredten Mann zur Überredung anderer außerordentlich befähigte, war ihm nichts geblieben. Aber gerade damit trat er sämtlichen polizeilichen Verordnungen zum Trotz unter den in Frankreich lebenden Emigranten auf. Dieser untersetzte Mann mit der bauchigen Aktentasche, der sich hütete, jemals ohne Rückendeckung und Fluchtweg Platz zu nehmen, war *kein* Bandit. Die gute Sache *durfte* in Spanien *nicht* ohne aktive Kämpfer bleiben. Und wer weiß, vielleicht würde gerade er eines Tages der Fidel Castro seiner Heimat werden? Konnten sie denn nicht begreifen?

Sabaté brachte ein wenig Geld zusammen, und es gelang ihm, ein paar Männer – größtenteils Unerfahrene – so weit zu bringen, daß sie zu den Waffen griffen. Er war in der ersten Gruppe, die sich auf den Weg machte; mit ihm Antonio Miracle, ein Bankangestellter, der noch vor relativ kurzer Zeit im Untergrund gelebt hatte, Rogelio Madrigal Torres und Martin Ruiz, zwei kaum Zwanzigjährige, sowie ein gewisser Conesa, von dem man bloß weiß, daß er verheiratet und dreißig Jahre alt war. Sie alle kamen aus Lyon oder aus Clermont-Ferrand. Die erste Gruppe war zugleich die letzte. Ende 1959 sah Sabaté noch einmal seine Familie. Über seine Pläne erfuhren die Angehörigen jedoch nichts. Dann machte er sich auf den Weg. Daß er ihn ins Verderben führen würde, wußten alle – außer vielleicht Sabaté selbst.

Zumindest so viel kann gesagt werden: Francisco Sabaté fand einen Tod, wie er ihn sich wahrscheinlich gewünscht hätte. Wenige Kilometer vor der Grenze wurde sein Trupp von der Polizei aufgespürt, der man vermutlich einen Wink gegeben hatte. Der Gruppe gelang jedoch die Flucht. Zwei Tage später war sie umzingelt. Das einsame Gehöft, in das sie sich zurückgezogen hatte, wurde zwölf Stunden belagert. Sobald der Mond untergegangen war, versetzte Sabaté mittels einer Handgranate das Vieh in Panik und schlich sich unbemerkt davon, nachdem er seinen letzten Polizisten getötet hatte. Er selbst war verwundet, alle Gefährten waren tot. Zwei Tage später, am 6. Januar, hielt er in der kleinen Station von Fornells den 6.20-Uhr-Morgenzug Gerona – Barcelona an und befahl dem Lokomotivführer, ohne anzuhalten, durchzufahren. Da in Massanet-Massanas die elektrifizierte Strecke beginnt, war das aber nicht möglich. Unterdessen war Sabatés Fußwunde schon septisch. Er hinkte, hatte hohes Fieber und hielt sich mit Morphiuminjektionen aufrecht, die zu seiner Erste-Hilfe-Ausrüstung gehörten. (Die zwei anderen Wunden – eine Schramme hinter dem Ohr und ein Schulterdurchschuß – waren weniger gefährlich als die Fußverletzung.) Er aß das Frühstück der Maschinisten.

In Massanet kroch Sabaté in den Postwaggon. Dann erkletterte er die elektrische Lokomotive und arbeitete sich bis nach vorn zu dem Lokomotivführer durch. Dieser erklärte ihm wie sein Vorgänger, daß die direkte Durchfahrt bis Barcelona unmöglich sei, weil die Mißachtung der Fahrpläne eine Katastrophe provozieren würde. Ich glaube, daß das der Augenblick gewesen ist, in dem Sabaté einsah, daß er sterben mußte.

Bevor der Eisenbahnzug die kleine Stadt San Celoni erreichte, ließ Sabaté ihn langsamer fahren und sprang ab. Inzwischen war schon die Polizei entlang der ganzen Strecke alarmiert. Von einem Fuhrmann ließ er sich Wein geben, den er hastig in sich hineingoß; das Fieber hatte ihn ausgedörrt. Bei einer alten Frau erkundigte er sich nach einem Arzt und wurde an das andere Ende der Stadt verwiesen. Als er dort ein leeres Sprechzimmer vorfand. scheint er sich bei der Suche nach Angestellten des Arztes in der

Tür geirrt zu haben. So geriet er an einen gewissen Francisco Berenguer, der wohl Verdacht schöpfte und den verstört aussehenden, ungewaschenen, mit Pistole und M. P. bewaffneten Fremden nicht eintreten lassen wollte. Es kam zu einem Handgemenge. Aus verschiedenen Straßen erschienen zwei Polizisten; wo sich ihre Wege kreuzen würden, rang Sabaté mit seinem Gegner. Um an die Pistole zu gelangen – die M. P. war nicht mehr zu erreichen –, biß er in Berenguers Hand. Nachdem er noch einmal einen Polizisten verwundet hatte, fiel Sabaté an der Ecke Calle San José und Calle San Tecla.

»Wäre er nicht schon verwundet gewesen, hätten sie ihn niemals bekommen«, sagt man in San Celoni. »Die Polizei hatte nämlich Angst vor ihm.« Das schönste Epitaph formulierte aber ein Freund des Toten, ein Maurer, in Perpignan, vor der Venus Maillols, die das Stadtzentrum Perpignans ziert: »Als wir jung waren und die Republik ausgerufen wurde, waren wir ritterlich und dabei noch geistvoll *(caballeresco pero espiritual)*. Wir sind inzwischen gealtert, nicht jedoch Sabaté. Das war ein Guerrillero aus Instinkt. Ja, das war einer jener Quixotes, die Spanien hervorbringt.« Dies wurde, vermutlich ganz zu Recht, ohne jede Ironie gesagt.

Sabaté wurde aber eine Würde zuteil, die jedes noch so schöne Epitaph übertrifft und aus einem Banditenhelden einen wahren Volkshelden der Unterdrückten macht, nämlich die Weigerung, an sein Sterben zu glauben; einige Tage nach Sabatés Tod erzählte ein Taxifahrer folgendes: »Sie sagten, sie hätten seinen Vater und seine Schwester geholt, damit sie die Leiche anschauen. Als sie dann den Toten sahen, sagten sie: ›Das ist nicht er, sondern jemand anders.‹« Das war zwar ein Irrtum, doch hatten »sie« im Grunde recht, denn Francisco Sabaté war einer von jenen, die ein Anrecht auf Legenden haben. Mehr noch: außer einer heroischen Legende gab es für diesen Mann keinen anderen möglichen Lohn. Nach vernünftigen und realistischen Normen hatte er sein Leben verschwendet. Er hatte es nie zu etwas gebracht; was ihm seine Überfälle an materiellem Gewinn brachten, wurde von den immer größeren Kosten seines halbprivaten Untergrunddaseins verschlungen, so daß die Ausgaben für Bestechung, Waffen, falsche Papiere und anderes kaum noch Propagandagelder übrigließen. Außer Todesurteilen für alle jene, von denen bekannt wurde, daß sie sich mit ihm eingelassen hatten, scheint er nichts gewonnen zu haben. Die theoretische Rechtfertigung der Aufständischen, daß schon der bloße Wille zur Revolution die objektiven Bedingungen der Revolution zu katalysieren vermöchte, kann für Sabaté auch nicht gelten, denn was er und seine Gefährten unternahmen, konnte wohl kaum eine größere Bewegung hervorbringen. Ebensowenig Aussicht auf Erfolg hatte das schlichtere und ein wenig homerisch klingende Argument dieser Männer, die sagten: Da der Mensch von Natur aus gut, tapfer und rein ist, wird ihn Scham aus seiner Apathie reißen, wenn er nur oft genug sieht, wie andere mit Hingabe und Mut streiten. Also konnte denn nur eine Legende entstehen.

Durch seine Einfachheit und Reinheit war Sabaté für eine Legende geeignet. Er starb so arm, wie er gelebt hatte; die Frau des berühmten Bankräubers blieb bis zum Schluß eine Dienstbotin. Wie ein Torero den Stier stellt, so expropriierte Sabaté Banken – nicht des Geldes wegen, sondern um Mut zu demonstrieren. So war die Entdeckung des listigen Facerias, daß man am sichersten ginge, wenn man um zwei Uhr morgens gewisse Hotels überfiele, weil da der Bourgeois, mit irgendwelchen Matressen im Bett, bereitwillig zahlen würde und gewiß nicht nach der Polizei riefe, für Sabaté ohne jeden Sinn*. Er hielt es für unmännlich, wenn man sich fremdes Geld aneignete, ohne

---

* In der Tat ein Plan, den spanischer Stolz vereitelte; vermutlich weil er der jungen Freundin imponieren wollte, leistete ein reicher Galan Widerstand und kam ums Leben.

selbst ein Risiko einzugehen. So war es ihm denn auch stets lieber, mit weniger Leuten, als eigentlich nötig gewesen wären, gegen Banken vorzugehen. In gewisser moralischer Hinsicht bedeutete das aufs Spiel gesetzte eigene Leben, daß man für das erbeutete Geld *bezahlte*. So war es auch nicht bloß eine taktische Klugheit, wenn er der Polizei stets *entgegen*ging, sondern ein Stück Weges der Laufbahn eines Heros. Obwohl es ihm vielleicht nicht gut bekommen wäre, hätte er zweifellos die Fahrer des Eisenbahnzuges zwingen können, ohne Aufenthalt bis nach Barcelona zu fahren, doch verbot es ihm die Moral, das Leben von Menschen zu gefährden, die nicht seine Gegner waren.

Es bedarf schlichter Konturen, damit einer zur Legende wird. Der tragische Held wird deshalb so lange von allem Beiwerk entkleidet, bis von ihm bloß noch eine Silhouette übrigbleibt und sich am Horizont der Umriß einer Gestalt zeigt, die dem wahren Wesen seiner Rolle Ausdruck verleiht: Don Quixote vor den Windmühlen. Wie die mythischen Westernhelden auf ausgestorbenen Straßen in der glühenden Mittagssonne stehen, so stand auch Francisco Sabaté Llopart »El Quico« allein da. Es ist nur gerecht, daß seiner in der Gesellschaft anderer Helden gedacht werde.

9. Der Bandit als Symbol

Wenn wir uns bisher mit der Realität des Sozialrebellentums beschäftigten, betrachteten wir Banditenlegenden und Banditenmythen hauptsächlich als Informationsquelle, um etwas über diese Realität zu erfahren oder um die sozialen Rollen kennenzulernen, welche zu spielen von Banditen erwartet wird (und die deshalb auch oft gespielt werden), um die Werte zu begreifen, die der Bandit darstellen soll, sowie um die ideale – und daher oftmals reale – Beziehung der Banditen zum Volk zu erfassen. Derlei Legenden üben ihre Wirkung aber nicht bloß auf jene aus, die mit einem bestimmten Banditen oder mit dem Banditentum an sich vertraut sind. Der Ruf reicht weiter und macht sich ganz allgemein bemerkbar; ein Bandit ist nicht nur Mensch, sondern zugleich auch Symbol. Wenn wir diese Studie des Banditentums abschließen, haben wir uns daher auch mit Aspekten zu befassen, die unserem Gegenstand fernerliegen. Die sind zumindest in zweierlei Hinsicht merkwürdig.

Das Schicksal der Banditenlegende bei den Bauern selbst ist seltsam, weil trotz des maßlosen Prestiges, welches die berühmten »Outlaws« genießen, ihr Ruf höchst kurzlebig ist. Robin Hood, die Quintessenz des Banditenmythos, ist in dieser und manch anderer Hinsicht eine Ausnahme. Man hat kein historisches Original des Robin Hood feststellen können, dessen Identität über jeden Zweifel erhaben gewesen wäre, während hingegen alle anderen Banditenhelden, soweit ich ihnen nachgehen konnte, trotz aller Mythologisierung auf ein identifizierbares Individuum zurückgeführt werden können, das an einem identifizierbaren Ort gelebt hat. Falls es wirklich einen historischen Robin Hood gegeben hat, so lebte er, bevor man den Robin-Hood-Zyklus erstmalig im vierzehnten Jahrhundert schriftlich festgehalten hat. Somit ist seine Legende schon mindestens sechshundert Jahre lang populär, während alle anderen Banditenhelden, die in diesem Buch erwähnt sind, mit Ausnahme der Protagonisten der chinesischen Volksbücher, aus viel späteren Zeiten stammen. Stenka Rasin, der russische Insurgentenführer und das Idol der Armen im zaristischen Rußland, war in den 1670er Jahren aktiv, doch stammten die meisten Gestalten, deren Legenden im 19. Jahrhundert lebendig waren, als man systematisch Banditenballaden sammelte, nur aus dem 18. Jahrhundert, das deshalb geradezu als das goldene Zeitalter der Brigantenhelden erscheint: Janošik in der Slowakei, Diego Corrientes in Andalusien, Mandrin in Frankreich, Rob Roy in Schottland, sowie auch Kriminelle, für die man im Pantheon der Sozialbanditen einen Platz gefunden hatte, nämlich Dick Turpin, Cartouche und Schinderhannes. Und selbst auf dem Balkan, wo man schon im 15. Jahrhundert Heiducken und Klephten gekannt hat, scheinen Christos Millionis aus den 1740er Jahren und Bukovallas, der sogar noch später gelebt hat, die frühesten Helden der Klephten zu sein, deren Angedenken in den griechischen Balladen fortlebt. Es ist kaum zu glauben, daß derlei Gestalten schon zu einer früheren Zeit nicht zum Gegenstand von Liedern und Geschichten geworden sein sollten. Große Briganten und Empörer, wie etwa der im späten 16. Jahrhundert lebende Marco Sciarra, werden gewiß ihre Legende gehabt haben, und zumindest ein großer Bandit, der in jener unruhigen Zeit gelebt hat – Serralonga in Katalonien nämlich –, wurde zum populären Volkshelden, an den man sich noch im 19. Jahrhundert erinnert hat; doch mag sein Fall eine Ausnahme sein. Warum wurden aber die meisten vergessen? Die blühende Entwicklung des Mythos vom Banditen im 18. Jahrhundert mag, was Westeuropa betrifft, vielleicht durch manche Verschiebungen der Volkskultur erklärt werden, doch wird sich dieser Grund wohl schwerlich für die anscheinend ähnliche Chronologie in den osteuropäischen

Ländern geltend machen lassen. Man möchte vielleicht einwenden, daß eine bloß auf mündliche Überlieferung angewiesene Erinnerung – und den Ruhm der Banditenhelden verbreiteten Analphabeten – relativ kurz lebt. Nach einigen Generationen verschmilzt die Erinnerung an Individuen mit dem Kollektivbild der legendären Helden von einst, der einzelne Mensch geht in Mythos und in ritueller Symbolik auf, so daß es im Falle eines Helden, der diese Zeitspanne doch zu überleben vermag, etwa wie bei Robin Hood, nicht mehr gelingt, den Zusammenhang mit dem wirklichen historischen Geschehen zu entziffern. Diese wahrscheinliche Wahrheit ist allerdings nicht die ganze. Mündliche Überlieferung vermag nämlich sehr wohl zehn oder zwölf Generationen zu überdauern. Wie Carlo Levi festgestellt hat, haben sich die Bauern der Basilicata in den dreißiger Jahren des 20. Jahrhunderts an zwei Episoden der Geschichte verschwommen, aber doch lebhaft als an »eigene Erlebnisse« erinnert: an die erst siebzig Jahre zurückliegende Brigantenzeit und an die Tage der großen Hohenstaufenkaiser, die sieben Jahrhunderte zurücklagen. Es trifft vermutlich die traurige Wahrheit zu, daß die Helden einer längst vergangenen Zeit deshalb überleben, weil sie nicht *nur* die Helden von Bauern sind. Die großen Kaiser hatten Schreiber, Chronisten und Dichter, sie hinterließen riesige Steinmonumente, sie repräsentierten Staaten, Reiche, ganze Völker und nicht bloß eine Gruppe Bergbewohner, die in irgendeiner verlorenen Gegend zu Hause ist, die so aussieht wie unzählige andere. In den Nationalepen Albaniens und Serbiens überleben zwar die mittelalterlichen Fürsten Skanderbeg und Marko Kraljević, doch verschlingt die Zeit Mihat den Hirten und Andras den Schäfer (Juhasz Andras), obgleich es von ihm hieß:

> *Machtlose Gewehre der Panduren;*
> *Die Geschosse fängt er*
> *Mit der bloßen Hand.* [62]

Obwohl ein großer Bandit stärker und berühmter ist als die gewöhnlichen Bauern und sein Name auch länger lebt als die ihren, muß auch er sterben. Bloß weil es immer wieder einen Mihat oder einen Andras geben wird, die sein Gewehr aufnehmen und in die Berge oder in die weiten Ebenen ziehen, bleibt er unsterblich.

Die zweite Eigentümlichkeit der Banditenlegende hat formaleren Charakter.

Banditen gehören zur Bauernschaft. Wenn man die Argumentation dieses Buches nicht abweist, so ergibt sich, daß Briganten nur im Zusammenhang mit einem gewissen Typ der Agrargesellschaft zu begreifen sind, einer Umgebung, von der sich wohl annehmen läßt, daß sie den meisten Lesern so wenig vertraut ist wie das ägyptische Altertum, und die, gleich der Steinzeit etwa, von der Geschichte überholt wurde. Trotzdem geht vom Banditen*mythos* eine Anziehungskraft aus, die weit über jene Gegenden hinausreicht, in denen das Brigantentum beheimatet ist. Diese Tatsache ist ebenso seltsam wie erstaunlich. Von deutschen Literaturhistorikern wurde eine eigene literarische Kategorie entdeckt, nämlich die *Räuberromantik,* die nicht nur in Deutschland *Räuberromane* in großer Zahl hervorbrachte. Zur Lektüre der Bauern oder gar der Banditen war indes keiner bestimmt. Ein charakteristisches Nebenprodukt dieses Genres waren die rein fiktiven Helden wie etwa Rinaldo Rinaldini oder Joaquin Murieta. Daß der Banditenheld sogar die moderne industrielle Revolution der Kultur überlebt, um in seiner Originalform, nämlich als Robin Hood im Kreis seiner ›Merry Men‹, die Fernsehserien zu bevölkern oder in moderner Version als Wildwest- oder Gangsterheld die Massenmedien des verstädterten 20. Jahrhunderts, ist eine noch bemerkenswertere Tatsache.

Daß die offizielle Kultur jener Länder, wo das Sozialbanditentum heimisch ist, dessen Bedeutung widerspiegelt, ist ganz natürlich. Cervantes fügte seinen Werken die berühmten spanischen Räuber des 16. Jahrhunderts ebenso selbstverständlich ein, wie Walter Scott über Rob Roy schrieb. In Ungarn und Rumänien, in der Tschechoslowakei oder der Türkei widmen Schriftsteller ihre Romane echten oder imaginären Banditenhelden, während andrerseits ein modernisierender Autor Mexikos, der den Banditenmythos abbauen möchte, bei seinem Diskreditierungsversuch im Roman *Los Bandidos del Río Frío* aus dem Helden einen gewöhnlichen Kriminellen macht*. Banditenmythen sind in solchen Ländern ein wichtiger Bestandteil des Lebens, der nicht übersehen werden kann.

Wenn der Banditenmythos auch in stark verstädterten Ländern vorkommt, so ist dies verständlich, weil selbst solche Gegenden im »Hinterland« oder im »Westen« ihre freien Gebiete haben; Rudimente einer – bisweilen imaginären – heroischen Vergangenheit, die ein Symbol der einstigen und nunmehr verlorenen Werte sind, an die man sich nostalgisch zurückerinnert, eine Art indianisches Mentalreservat, auf das man sich gleich Huckleberry Finn zurückziehen kann, wenn die Zwänge der Zivilisation allzu unerträglich werden. Dort findet man noch immer den verfemten Strauchdieb, wie er gleich Ned Kelly, den der Australier Sidney Nolan auf seinen Gemälden dargestellt hat, über Land reitet: eine tragische, geisterhafte, bedrohliche und in der selbstverfertigten Rüstung hinfällige Gestalt, die in Erwartung des Todes das sonnengebleichte australische Hinterland kreuz und quer durchstreift.

Das in Literatur und in den Werken der Volkskultur dargebotene Banditenbild bedeutet jedoch nicht nur eine Dokumentation des Lebens in rückständigen Gesellschaften, es ist mehr als bloß der Ausdruck einer Sehnsucht der fortgeschrittenen Gesellschaft nach Unschuld und Abenteuer. Lösen wir die Brigandage aus ihrem lokalen und

---

* Ich denke an Zsigmond Moricz' Roman um Sandor Rosza, an Panait Istratis *Les Haidoucs,* an Jaschar Kemals *Mehmed My Hawk* und insbesondere an den außerordentlichen Roman *Der Räuber Nikola Schuhaj* des Tschechen Ivan Olbracht.

sozialen Rahmen, so bleibt immer noch etwas zurück: eine permanente Erregung und eine permanente Rolle – Freiheit, Heldenmut und der Traum von der Gerechtigkeit.

Freiheit sowie der Traum von der Gerechtigkeit sind Ideale, die im Robin-Hood-Mythos nachdrücklich betont werden. Das Bild einer Gemeinschaft freier und einander ebenbürtiger Männer, denen Autorität nichts anhaben kann, die Kämpfer für die Schwachen, Unterdrückten und Benachteiligten sind, hat Robin Hoods mittelalterlichen Wald überlebt und leuchtet auf dem Fernsehschirm auf. Die klassische Version des Banditenmythos in der Hochkultur macht dieselben Elemente deutlich geltend. Schillers *Räuber* singen von einem Leben der Freiheit im Wald, während sich ihr Anführer, der edle Karl Moor, der Obrigkeit ausliefert, um mit seinem Kopfgeld einen armen Mann zu retten. Andrerseits wird in Western- und Gangsterfilmen das heroische Element betont, selbst gegen das Hindernis einer konventionellen Moral, die Heroismus sonst jenen vorbehält, die moralisch gut oder zumindest moralisch mehrdeutig sind. Daß der Bandit sowohl im Handeln als auch im Untergang tapfer ist, kann jedoch nicht geleugnet werden. Er stirbt aufrecht und tapfer, und unzählige Jungen aus den Slums und den Vororten, die nichts anderes haben als die allgemeine, aber wertvolle Gabe von Kraft und Mut, können sich mit ihm identifizieren. Der Bandit lebt und stirbt mit ungekrümmten Rücken mitten in einer Gesellschaft, in der Menschen als gedemütigte und dienstbare Anhängsel metallener Maschinen leben oder bewegliche Teile eines aus Menschen bestehenden Apparates sind. Wie wir aber sahen, ist solch ein Überleben der legendären historischen Banditen nicht die Regel, nicht alle Briganten verwandeln sich in Träume frustrierter Städter. In Wirklichkeit überdauert kaum einer der großen Banditen den Übergang von der Agrar- zur Industriegesellschaft, außer wenn er praktisch ein Zeitgenosse dieses Überganges ist oder falls man ihn schon vorher in das zeitüberdauernde Medium »Literatur« eingehen ließ. Man druckt heute zwischen den Wolkenkratzern São Paulos Unterhaltungsbüchlein über Lampião, weil dieser große *cangaçeiro,* den man 1938 umgebracht hat, als die heute über Dreißigjährigen schon auf der Welt waren, für Millionen Zuwanderer aus dem Nordosten Brasiliens ein Begriff ist. Andrerseits lebt Robin Hood, der »von den Reichen nahm, um die Armen zu beschenken« in der Phantasie der Angelsachsen des 20. Jahrhunderts, so wie in jener der Chinesen »der günstige Regen Sung Tschiang . . ., der den Bedürftigen hilft und Geld geringschätzt« beheimatet ist, weil Schrift und Druck einer lokalen Tradition mündlicher Überlieferung eine nationale und perennierende Gestalt verleihen, so daß man sagen könnte, daß Intellektuelle das Weiterleben von Banditen besorgten.

Sie tun es gewissermaßen auch heute noch. Die heutige Neuentdeckung des Sozialbanditentums geht auf Schriftsteller, Filmemacher und sogar auf Historiker zurück. Das vorliegende Buch ist Teil dieser Wiederentdeckung. Es sollte sowohl zur Klärung des Phänomens Sozialbanditentum beitragen als auch dessen Helden vorstellen: Janošik, Rosza Sandor, Dovbuš, Dontscho Vatach, Diego Corrientes, Jancu Jiano, Musolino, Giuliano, Bukovallas, Mihat der Hirte, Andras der Schäfer, Santanon, Serralonga und García. Eine riesige Kriegerschar, geschmeidig wie Hirsche, edel wie Falken, listig wie Füchse. Außer einigen Ausnahmen war keiner mehr als dreißig Meilen über seinen Heimatort hinaus bekannt, doch war ein jeder für sein Volk nicht weniger wichtig als anderswo die Napoleons oder Bismarcks; höchstwahrscheinlich waren sie sogar noch wichtiger, denn einen Unbedeutenden besänge man nicht in einigen hundert Liedern, wie sie etwa um Janošik entstanden sind. Und es sind sowohl stolze als auch sehnsüchtige Lieder:

Der Kuckuck hat gerufen,
auf dürres Holz gesetzt.
Getötet haben sie Schuhaj,
schwer sind die Tage jetzt. [63]

Banditen gehören der erinnerten Geschichte an, welche sich von der offiziellen Historie der Geschichtsbücher unterscheidet; einer Geschichte, die weniger das Protokoll von Ereignissen ist, die sie formten, als vielmehr ein Verzeichnis von Symbolen theoretisch zwar kontrollierbarer, tatsächlich indessen unkontrollierbarer Faktoren, welche die Welt der Armen determinieren: gerechte Herrscher und Männer, die dem Volk Gerechtigkeit widerfahren lassen wollen. Deswegen vermag uns die Banditenlegende noch immer zu rühren. Lassen wir das letzte Wort Ivan Olbracht, der dies besser als sonstwer gesagt hat:

»Der Mensch hat eine unstillbare Sehnsucht nach Gerechtigkeit. Im Innern seiner Seele lehnt er sich gegen eine soziale Ordnung auf, die sie ihm verweigert, und in welcher Welt er auch immer leben mag, er klagt entweder diese soziale Ordnung an oder das gesamte einschlägige Universum der Ungerechtigkeit. Der Mensch hat den merkwürdigen, beharrlichen Drang, mit Erinnerungen zu leben, sich etwas auszudenken und die Dinge zu verändern; und noch dazu hat er den Wunsch zu erlangen, was er nicht erlangen kann – und sei es auch nur in Gestalt eines Märchens. Vielleicht ist das das Grundmotiv für die Heldensagen aller Zeiten, aller Religionen, aller Völker und aller Klassen.«

Das gilt auch für uns. Robin Hood ist denn auch unser Held und wird es bleiben.

Anhang
Frauen und Banditentum

Da Banditen sich bekanntlich gern mit Frauen abgeben und sowohl ihr Stolz wie ihr Status solche Demonstrationen der Männlichkeit verlangen, ist die häufigste Rolle der Frau im Banditentum die der Geliebten. Anti-soziale Banditen ergänzen manchmal ihre sexuelle Attraktion durch Vergewaltigung, was unter bestimmten Umständen eine Garantie dafür sein kann, daß die Opfer nicht reden (»Sie sagten, sie täten uns das alles an, damit wir uns zu sehr schämten, darüber zu sprechen, und um zu zeigen, zu was sie fähig seien«, berichtete ein kolumbianisches Mädchen den Guerrilleros, denen sie sich später anschloß [64]). Jedoch besteht, wie Machiavelli vor langer Zeit beobachtet hat, beim Konflikt mit Frauen immer die Möglichkeit, sich unbeliebt zu machen, und Banditen, die auf allgemeine Unterstützung oder Zustimmung rechnen möchten, müssen ihre Sexualität in Schach halten. In Lampiãos Bande galt der Grundsatz, niemals eine Frau zu vergewaltigen (»außer aus guten Gründen«, d. h. vermutlich zur Strafe, aus Rache und Terror). Die politisch motivierten Bauern-Guerrilleros halten sich sehr strikt an diese Regel: »Unsere Erklärung für diesen Grundsatz: Ein Guerrillero, der eine Frau, ganz gleich, was für eine, vergewaltigt, wird vor ein Kriegsgericht gestellt.« Sowohl bei Banditen wie bei Guerrilleros gilt aber: »Wenn es eine natürliche Sache ist, d. h. wenn die Frau einverstanden ist, dann gibt es keine Schwierigkeiten« [65].
Bezeichnenderweise besuchen die Liebhaber unter den Banditen ihre Frauen, was de facto die Polygamie begünstigt. Aber es sind auch Fälle bekannt, in denen die Mädchen das Vagabundenleben der Männer teilen, obwohl es wahrscheinlich nur selten Banden gibt, bei denen das die Regel ist. Lampiãos Bande scheint in Nordostbrasilien die einzige

gewesen zu sein. Selbst dann, wenn die Männer auf besonders lange und gefährliche Züge gingen, ließen sie die Frauen, oft gegen ihren Willen, zurück, weil die Anwesenheit des Mädchens die gelegentlichen Liebesabenteuer des Mannes »aus Respekt vor der regulären Gefährtin« verhindern würde [66].

Normalerweise gaben die Frauen in einer Bande ihre allgemein anerkannte geschlechtsspezifische Rolle nicht auf. Sie trugen keine Waffen und nahmen im allgemeinen nicht am Kampfgeschehen teil. Maria Bonita, Lampiãos Frau, »stickte, nähte, kochte, sang, tanzte und zog mitten in der Wildnis Kinder auf... Sie begnügte sich damit, ihrem Mann zu folgen. Wenn nötig, beteiligte sie sich am Kampf, aber im allgemeinen schaute sie nur zu und beschwor ihren Mann, keine allzu großen Risiken einzugehen.« [67]

Dadá, die Frau seines Leutnants Corisco, hatte jedoch mehr von einer Lady Macbeth und hätte ohne weiteres selbst eine Bande anführen können. Offensichtlich gibt es Schwierigkeiten, wenn Frauen – die ja wirklich immer eine kleine Minderheit waren – innerhalb der Bande leben. Diese Schwierigkeiten vermindern kann die Angst vor einem strengen Anführer oder, in Gruppen mit dem hohen politischen Bewußtsein von Bauern-Guerrilleros, die disziplinierte Moral der Sache, für die man streitet. Das mag der Hauptgrund dafür sein, daß die Banditen nur ungern Frauen mit sich nehmen oder sich mit weiblichen Gefangenen einlassen. Nichts untergräbt die Solidarität so sehr wie sexuelle Rivalität.

Die zweite und weniger bekannte Rolle der Frauen im Banditenwesen ist die der Unterstützerin und die der Verbindungsperson zur Außenwelt. Wie man annehmen muß, unterstützen sie meistens Verwandte, Ehemänner oder Geliebte. Dazu braucht nicht viel gesagt zu werden.

Die dritte Rolle ist die des Banditen selbst. Nur wenige Frauen standen aktiv im Kampf, doch in den Balladen der Heiducken des Balkans (s. Kap. 5) ist von genügend

Fällen die Rede, die uns vermuten lassen, daß diese Frauen zumindest in bestimmten Gegenden der Welt ein anerkanntes Phänomen waren. Im peruanischen Teil von Piura z. B. waren in der Zeit von 1917–1937 mehrere Frauen, einige sogar als Bandenanführerinnen, aktiv; besonders zu erwähnen sind Rosa Palma aus Chulucanas, die die Achtung sogar des gefürchteten Froilán Alama, des berühmtesten Anführers jener Zeit, gewonnen haben soll, und die Lesbierin Rosa Ruirías aus Morropón, die eine besonders kampftüchtige Gemeinschaft bildeten, sowie Bárbara Ramos, Schwester zweier Banditen und Gefährtin eines anderen Banditen, von der Hazienda Huapalas [68]. Diese Mädchen waren als gute Reiterinnen und Scharfschützen bekannt und wegen ihrer Tapferkeit berühmt. Mit Ausnahme ihres Geschlechtes scheint es nichts gegeben zu haben, was sie von anderen Banditen unterschied.

Ein Anhaltspunkt für dieses Phänomen kommt vielleicht aus Andalusien, wo über solche Banditinnen nicht nur Dokumente vorhanden sind (z. B. im 19. Jahrhundert über die Männerkleidung tragende Torralba von Lucena und über Maria Márquez Zafra, »La Marimacho«), sondern die in der Banditenlegende auch einen besonderen Platz als *serranas* (Frauen der Berge) einnehmen [69]. Die typische *serrana* ist Gesetzesbrecherin im allgemeinen und, weil sie »entehrt«, d. h. defloriert, worden ist, Rächerin an den Männern im speziellen. Eine solche aktive Reaktion auf Entehrung ist bei den Frauen zweifellos noch relativ seltener als bei Männern, doch können die Anhänger des militanteren Typs von Frauenbefreiung mit Genugtuung feststellen, daß selbst traditionelle Gesellschaften sie anerkannten. Doch wie so viele Aspekte des Banditentums bedarf dieser Aspekt noch der weiteren Erforschung.

Einmal gerächt, finden die meisten »entehrten« Frauen in Gesellschaften, die Brutstätten des Banditentums sind, in ihrer Männergefolgschaft wahrscheinlich einen Beschützer. Die Verteidigung der »Ehre«, d. h. meistens der geschlechtlichen »Ehre« der Frau, ist wahrscheinlich das wichtigste Einzelmotiv, das Männer in den klassischen Gebieten des Banditentums – im Mittelmeerraum und in Lateinamerika – in die Verfemung geführt hat. Hier verband der Bandit die Rolle des Freiheitshelden mit der des Don Juan, aber hierin folgte er, wie in so vieler anderer Hinsicht, den Werten seines sozialen Weltbildes.

Zur weiteren Lektüre

Diese Anmerkungen beziehen sich nur auf die in westeuropäischen Sprachen vorliegenden Werke.

Außer einem Kapitel in E. J. Hobsbawm, *Primitive Rebels* (Manchester 1959), gibt es nur wenige allgemeine Abhandlungen über das soziale Banditentum. Da vergleichende Arbeiten fehlen, müssen wir uns an nationale und regionale Monographien halten. Über Italien, dessen *banditti* lange Zeit zu den berühmtesten Figuren in der (ausländischen) Literatur und Kunst zählten, besitzen wir wahrscheinlich mehr Monographien als für irgendein anderes Land; siehe die 18seitige Bibliographie in F. Ferracuti, R. Lazzari, M. E. Wolfgang, *Violence in Sardinia* (Rom 1970), das nur ein einzelnes Gebiet behandelt. Zu empfehlen sind weiterhin F. Molfese, *Storia del brigantaggio dopo l'Unità* (Mailand 1964), insbesondere Teil I, Kapitel 3, und Enzo d'Alessandro, *Brigantaggio e mafia in Sicilia* (Messina-Florenz 1959). Über Spanien sind Juan Regla Campistol und Joan Fuster, *El bandolerismo català* (Barcelona 1963), und C. Bernaldo de Quiros, *El bandolerismo en España y Mexico* (Mexiko 1959), hilfreich. In Lateinamerika liegen in einigen Ländern außergewöhnlich viele Untersuchungen über das Banditenwesen vor, insbesondere in Peru und Brasilien, über Peru E. Lopez Albujar, *Los Caballeros del delito* (Lima 1936); siehe auch vom selben Autor *Cuentos Andinos* (verschiedene Auflagen), J. Varallanos, *Bandolerismo en el Peru* (Lima 1937), und eine Reihe eher esoterischer Untersuchungen von Polizisten und Soldaten, die leider, wie die meisten peruanischen Veröffentlichungen, außerordentlich schwer ausfindig zu machen sind. Brasilien betreffend, enthält die Arbeit von Maria Isaura Pereira de Queiroz, *Os Cangaçeiros, les bandits d'honneur brésiliens* (Paris 1968), für die meisten von uns zum Glück alles Wissenswerte über die Banditen des Nordostens.

Osteuropa behandelt die vergleichende Studie von I. Rácz, *Couches militaires issues de la paysannerie libre en Europe orientale du 15e au 17e siècle* (Debreczen 1964). Über Rußland: Denise Eeckhoute, *Les brigands en Russie du 17e au 19e siècle: Mythe et réalité (Rev. Hist. Mod. & Contemp.* XII, 1965, S. 161–202). Philip Longworth, *The Cossacks* (London 1969), behandelt ein dem Banditentum nicht unverwandtes Thema. Über Bulgarien: die alte, aber dennoch wertvolle Arbeit von Georg Rosen, *Die Balkan-Haiduken* (Leipzig 1878), und B. Tsvetkova, »Mouvements anti-féodaux dans les terres bulgares ... du 16e au 18e siècle« (in: *Etudes Historiques,* Sofia 1965); über Bosnien: A. Schweiger-Lerchenfeld, *Bosnien* (Wien 1878); über Serbien: G. Castellan, *La vie quotidienne en Serbie au seuil de l'indépendence* (Paris 1967). Über die Karpatho-Ukraine: Ivan Olbrachts Reportage *Berge und Jahrhunderte* (Ost-Berlin 1952), der Stoff für seinen ausgezeichneten Roman (siehe unten). Zur Warnung des Lesers sei vermerkt, daß ohne Kenntnis der örtlichen Sprachen das Studium des osteuropäischen Banditentums nicht adäquat möglich ist.

Über das Banditentum in Asien: ein Kapitel in Jean Chesneaux, *Les sociétés secrètes chinoises* (Paris 1965); siehe auch K. C. Hsiao, *Rural China* (Seattle 1960). Sartono Kartodirdjo, *The peasants' revolt of Banten in 1888* (Leiden 1888), und P. M. van Wulfften-Palthe, *Psychological aspects of the Indonesian problem (*Leiden 1949), befassen sich mit Java. R. V. Russell, *The tribes and castes of the Central Provinces of India,* 4 Bände (London 1916), mag als Beispiel für die am leichtesten zugängliche Literatur zur Kenntnis der Dakaiten dienen.

Was das Banditentum in »entwickelten« Ländern betrifft, so findet sich eine Behandlung des Robin-Hood-Problems in den Nummern 14, 18, 19, 20 von *Past & Present* (1958, 1960–61) von R. H. Hilton, J. C. Holt, M. Keen, T. H. Aston. Ohne besondere Einsichten befaßt sich F. Funck-

Brentano in *Mandrin* (1908) mit Robert Mandrin. F. C. B. Avé-Lallemants *Das deutsche Gaunerthum* (4 Bände, Leipzig 1858–62) bietet andrerseits eine umfassende Einführung in die vorindustrielle Unterwelt. Aus der reichhaltigen Literatur über nordamerikanische »Outlaws« sei Kent L. Steckmessers »Robin Hood and the American Outlaw« (*Journ. Amer. Folklore* 79, 1966, No. 312) erwähnt, eine Arbeit, die einerseits eine Vergleichsbasis liefert, andrerseits bibliographische Hinweise enthält.

Zum Glück gibt es mehrere Biographien, Autobiographien und dokumentarische Romane über oder von Banditen. Panaiot Hitows Memoiren finden wir in G. Rosen, *a.a.O.*, M. L. Guzman, *Memorias de Pancho Villa* (Mexiko, zahlreiche Auflagen) liegen übersetzt als *The Memoirs of Pancho Villa* (Austin 1965) vor. Alberto Carrillo Ramirez, *Luis Pardo »el gran bandido«, vida y hechos del famoso bandolero chiquiano que acaparó la atención publica durante varios años* (Lima 1970), handelt vom klassischen »edlen Banditen« Perus und enthält zahlreiche Anekdoten und Balladen. F. Cascella, *Il brigantaggio, ricerche sociologiche e antropologiche* (Aversa 1907), enthält eine Autobiographie von Crocco; E. Morselli und S. De Sanctis, *Biografia di un bandito: Giuseppe Musolino* (Mailand o. J.) ist ein weiteres Werk aus derselben Schule italienischer Kriminologie. Wir haben mehrere Biographien und Lebenserinnerungen von sardischen Banditen, z. B. die oben zitierte Bibliographie. Estacio de Lima, *O mundo estranho dos cangaçeiros* (Salvador-Bahia (1965) bietet umfangreiche Memoiren von Angelo Roque; das bereits zitierte Werk von M. I. P. de Queiroz gibt weitere Aussagen brasilianischer Banditen aus erster Hand wieder. Obwohl einige dieser Quellen wirklich unerreichbar sind, werden sie hier trotzdem erwähnt, weil man nur selten auf authentische Aussagen von Banditen trifft. Von Giuliano handelt Gavin Mazwells *God protect me from my friends* (London 1965).

Ivan Olbrachts *Der Räuber Nikola Schuhaj* (Ost-Berlin 1953, deutsche Übersetzung aus dem tschechischen Original) ist gewiß einer der besten Banditenromane, die es gibt. Unter den zahlreichen informativen Romanen über dieses Thema stellen Jaschar Kemals *Mehmed My Hawk* (London 1961) eine Einführung in das türkische Banditentum und das *Schui Hu Tschuan* (*Die Räuber vom Liang Schan Moor,* Wien-Heidelberg 1955) die grundlegende Lektüre über das Banditentum Chinas dar. In *Le Roi des Montagnes* gibt E. About eine illusionslose Darstellung der Brigandage Griechenlands nach der Befreiung; Walter Scotts *Rob Roy* (mit einer guten historischen Einführung) ist in bezug auf dieses Thema viel weniger irreführend als *Ivanhoe* hinsichtlich Robin Hoods.

Banditen waren der Gegenstand zahlreicher Filme. Keiner von ihnen besitzt als historische Quelle Wert, doch sind mindestens zwei von ihnen höchst nützliche Einführungen, um die Umgebung der Banditen zu begreifen: V. de Setas *Banditti ad Orgosolo* und Francesco Rosis vorzüglicher *Salvatore Giuliano.*

Sofern man nur westeuropäische Sprachen beherrscht, ist das Studium der Legenden und Lieder, die von Banditen und Banditentum handeln, unmöglich, doch findet sich eine annehmbare Auswahl von Heiducken-Balladen in G. Rosen, *a.a.O.,* A. Dozon, *Chansons populaires bulgares* (Paris 1875), Adolf Strausz, *Bulgarische Volksdichtungen* (Wien–Leipzig 1895). Weniger aufschlußreich in Hinsicht auf die griechische Folklore sind John Baggalays *Klephtic Ballads* (Oxford 1936) und B. Knös, *Histoire de la Litterature Néo-Grecque* (Uppsala 1962). Wovon wir aufgrund sprachlicher Schranken ausgeschlossen bleiben, läßt sich aus der englischen Zusammenfassung von J. Horaks und K. Plickas *Zbojnicke piesne slovenskoho l'udu* (Preßburg 1963) entnehmen, wo sich 700 Banditenlieder finden, alle aus der Slowakei. Über die Banditenlegenden und -mythen gibt es wenige Studien ernst zu nehmender Forscher; die meiner

Kenntnis nach umfassendste ist die von Joan Fuster, *El bandolerismo català*, 2. Bd. Julio Caro Baroja, *Ensayo sobre la Leteratura de Cordel* (Madrid 1969) behandelt sehr eingehend die volkstümliche Literatur über das Banditentum in Spanien und enthält wichtige Angaben und Gedanken über das Phänomen in diesem Land.

Anmerkungen

1 Berechnet nach G. Guzmán, O. Fals Borda, E. Umaña Luna, *La Violencia en Colombia*, Bd. II, S. 287–97 (Bogotá 1964).

2 *Le Brigandage en Macédonie: Un Rapport Confidentiel au Gouvernement Bulgare*, S. 38 (Berlin 1908); Information von Prof. D. Dakin, Birkbeck College.

3 E. Alabaster, *Notes and Commentaries on the Chinese Criminal Law*, S. 400–402 (London 1899).

4 E. Lopez Albujar, *Los Caballeros del delito*, S. 75 f. (Lima 1936).

5 W. Crooke, *The Tribes and Castes of the North West Provinces and Oudhe*, Bd. I, S. 49 (Kalkutta 1896, 4 Bände).

6 F. Molfese, *Storia del brigantaggio dopo L'Unità*, S. 130 (Mailand 1966).

7 M. I. P. de Queiroz, *Os Cangaçeiros: les bandits d'honneur brésiliens*, S. 164, 142 (Paris 1968).

8 R. Rowland, »»Cantadores‹ del nordeste brasileño« (*Aportes 3*, Januar 1967, S. 138). Hinsichtlich der Beziehungen dieses Banditen zum Heiligen, die in Wahrheit recht nuanciert gewesen sind, siehe E. de Lima, *O Mundo estranho dos cangaçeiros*, S. 113 f. (Salvador-Bahia 1965), sowie O. Anselmo, *Padre Cicero* (Rio 1968).

9 Molfese, *a.a.O.*, S. 127 f.

10 E. J. Hobsbawm, *Sozialrebellen*, S. 32 (Neuwied und Berlin 1962), Lopez Albujar, *a.a.O.*, S. 126.

11 Alejandro Franco, ›El Aymara del Siglo XX‹ (*Amauta*, [Lima] 23, 1929, S. 88).

12 Basiert auf Molfese, *a.a.O.*, S. 367–382.

13 A. H. Smith, *Village Life in China*, S. 213–217 (N.Y.-Chicago-Toronto 1899).

14 Details siehe bei G. Kraft, *Historische Studien zu Schillers Schauspiel ›Die Räuber‹* (Weimar 1959).

15 F. Avé-Lallemant, *Das deutsche Gaunerthum*, Bd. I, S. 241 (Leipzig 1858–62). Zur Verifizierung der Unterschiede zwischen Banditen und Verbrechern aus medizinisch-juridischer Perspektive seitens eines Mannes, der in beiden Gebieten bewandert war, siehe E. de Lima, *a.a.O.*, *passim;* G. Sangnier, *Le brigandage dans le Pas-de-Calais*, S. 172, 196 (Blangermont 1962).

16 C. Bernaldo de Quiros, *El Bandolerismo en España y Mexico*, S. 59 (Mexiko 1959).

17 M. Pavlovich, ›Zelim Khan et le brigandage en Caucase‹ *(Rev. du Monde Musulman* XX, 1912, S. 144, 146).

18 V. Zapata Cesti, *La delincuencia en el Peru,* S. 175 (Lima o. J.).

19 Martin Luis Guzmán, *Memorias de Pancho Villa,* S. 20 (Mexiko 1970).

20 Alberto Carillo Ramirez, *Luis Pardo, ›El Gran Bandido‹,* S. 117/118, 121 (Lima 1970).

21 Miguel Barnet, *Cimarrón,* S. 87/88 (Havanna 1967). Deutsch: *Der Cimarrón. Die Lebensgeschichte eines entflohenen Negersklaven aus Cuba, von ihm selbst erzählt.* Frankfurt/Main 1969.

22 R. V. Russell, *The Tribes and Castes of the Central Provinces of India,* Bd. I, S. 60 (4 Bde. London 1916); Gen. Charles Hervey, *Some Record of Crime,* Bd. I, S. 331 (London 1892).

23 Kent L. Steckmesser, ›Robin Hood and the American Outlaw‹ (*Journ. Amer. Folklore,* 79, April-Juni 1966, S. 350).

24 *Schui Hu Tschuan,* Übersetzung von Pearl Buck: »All Men are Brothers«, S. 328 (New York 1937).

25 J. Martinez-Alier, *La Estabilidad del Latifundismo,* Kapitel 1–6 (Paris 1968).

26 J. Caro Baroja, *Ensayo sobre la Leteratura de Cordel,* S. 375 (Madrid 1969).

27 A. v. Schweiger-Lerchenfeld, *Bosnien,* S. 122 (Wien 1878); P. Bourde, *En Corse,* S. 218 f. (Paris 1887).

28 F. Kanitz, *La Bulgarie danubienne,* S. 346 (Paris 1882).

29 Spezialnummer von *Il Ponte* über Kalabrien, 1950, S. 1305.

30 Joan Fuster, *El bandolerismo català,* Bd. II, S. 35 (Barcelona 1963).

31 D. H. Meijer, ›Over het bendewezen op Java‹ *(Indonesie* III, 1949–50, S. 183); Crooke, *a.a.O.,* S. 47. Siehe auch Nertan Macedo, *Capitao Virgulino Ferreira da Silva: Lampiao,* S. 96 (Rio ²1968).

32 C. G. Harper, *Half-Hours with the Highwaymen,* Bd. II, S. 235 (London 1908).

33 Nertan Macedo, *a.a.O.,* S. 183.

34 Vgl. Paris Lozano, *Los guerrilleros del Tolima (Revista de las Indias* I, No. 4, Bogotá 1936, S. 31).

35 Y. Kemal, *Mehmed My Hawk,* S. 56 (London 1961).

36 Guzmán, Fals Borda, Umaña Luna, *a.a.O.,* I, S. 182.

37 *ebenda,* II, S. 327 f.

38 Ivan Olbracht, *Berge und Jahrhunderte,* S. 82 f. (Ost-Berlin 1952).

39 A. Strausz, *Bulgarische Volksdichtungen,* S. 295–297 (Wien-Leipzig 1895).

40 *Le Brigandage en Macédonie, a.a.O.,* S. 37; daß unter den

brasilianischen Banditen keine Homosexualität bestanden hat, siehe bei E. de Lima, *a.a.O.*, S. 45.

41 A. Dozon, *Chansons populaires inédites*, S. 184 (Paris 1875).

42 J. Baggalay, *Klephtic Ballads*, S. 18 f. (Oxford 1936); C. J. Jireček, *Geschichte der Bulgaren*, S. 474 (Prag 1876).

43 J. C. V. Engel, *Staatskunde und Geschichte von Dalmatien, Croatien und Slawonien*, S. 232 (Halle 1798).

44 Marko Fedorowitsch, *Die Slawen der Türkei*, Bd. II, S. 206 (Dresden und Leipzig 1844).

45 Leonardo Mota, *No Tempo de Lampiao*, S. 55 f. (Rio 1968).

46 *Ebenda*, S. 54.

47 Russell, *a.a.O.*, Bd. I, S. 52 f., Bd. III, S. 237–39 und S. 474.

48 Teniente Coronel (R) Genaro Matos, *Operaciones Irregulares al Norte de Cajamarca 1924/25 a 1927* (Lima 1968).

49 Gen. Romulo Merino Arana, *Historia Policial del Peru*, S. 177/178; G. Matos, *a.a.O.*, S. 390–398.

50 G. Matos, *a.a.O.*, S. 75, zitiert nach Salamón Vilchez Murga, *Fusiles y Machetes*.

51 D. Eeckhoute, ›Les brigands en Russie‹ (*Rev. Hist. Mod. et Contemp.* XII, Juli–Sept. 1965, S. 201 f.).

52 P. M. van Wulfften-Palthe, *Psychological Aspects of the Indonesian Problem*, S. 32 (Leiden 1949).

53 Dr. J. Koetschet, *Aus Bosniens letzter Türkenzeit*, S. 6–8 (Wien-Leipzig 1905).

54 *District Gazetteers of the United Provinces*, Bd. I, S. 185 (Allahabad 1911).

55 Sartono Kartodirdjo, *The Peasants' Revolt of Banten in 1888*, S. 23 (Den Haag 1966).

56 Wulfften-Palthe, *a.a.O.*, S. 34.

57 Pavlovich, *a.a.O.*, S. 146–159.

58 Vgl. M. L. Guzmán, *a.a.O.*

59 Stuart Schram, *Mao Tse-tung*, S. 43 (London 1966).

60 Luis Gonzales, *Pueblo en Vilo*, S. 251 (Mexiko 1968).

61 E. Lister, ›Lessons of the Spanish Guerilla War 1939–51‹, (*World Marxist Review* 8, 2, 1965, S. 52–58); Tomas Cossias, *La lucha contra el ›Maquis‹ en España* (Madrid 1956).

62 A. J. Paterson, *The Magyars: their Country and Institutions*, Bd. I, S. 213 (London 1869).

63 I. Olbracht, *a.a.O.*, S. 113.

64 *Diario de un guerrillero Latinoamericano*, S. 60 (Montevideo 1968).

65 *Diario*, S. 60/61.

66 M. I. P. de Queiroz, *a.a.O.*, S. 179.

67 *Ebenda*, S. 183.

68 Cor. V. Zapata Cesti, *La delincuencia en el Peru,* S. 205/06 (Lima o. J.). Über ihr Schicksal ist nichts bekannt, und sie sind nicht in der in: Gen. R. Merino Arana, *Historia Political del Peru* (Lima o. J.) aufgeführten Liste der in diesem Gebiet getöteten Banditen verzeichnet, obwohl sie einige andere Frauennamen enthält.

69 Julio Caro Baroja, *Ensayo sobre la Leteratura de Cordel,* S. 389/390 (Madrid 1969).

Bildnachweis

Illustrationsgruppen

England
Dick Turpin im Epping Forest: Stich von J. Smith, 1739 *(British Museum)*
Robin Hood: Balladenblatt aus dem 17. Jahrhundert *(British Museum)*
Robin Hood: Holzschnitt um 1700 *(British Museum)*
Robin Hood: 1769 veröffentlichtes Volksbuch *(British Museum)*
Robin Hood: Erroll Flynn im Hollywood-Film *(National Film Archive)*
Monarch of the Glen: Titelseite eines viktorianischen Notenblattes *(Radio Times Hulton Picture Library)*

Frankreich und Deutschland
Louis-Dominique Cartouche in seiner Zelle *(Roger-Viollet, Paris)*
»Schinderhannes« beraubt einen Juden, Stich *(British Museum)*
Cartouche: zeitgenössisches deutsches Flugblatt *(Roger-Viollet, Paris)*
Hinrichtung des »Schinderhannes«, Volkstümliche deutsche Biographie aus dem neunzehnten Jahrhundert *(British Museum)*
Titelseite der Erstausgabe von Schillers Drama »Die Räuber«, 1781 *(British Museum)*
Korsisches Banditentum im zwanzigsten Jahrhundert *(Sammlung Mansell)*

Spanien und Italien
Banditentum ohne falsche Romantik: Goyas: *Banditen überfallen eine Kutsche* (1792–1800) *(Ampliaciones y Reproducciones MAS, Barcelona)*
Romantisiertes Banditentum: Stich von John Haynes Williams (1836–1908) *(Radio Times Hulton Picture Library)*
Sizilianische Theaterpuppen aus dem 19. Jahrhundert *(Antonino Uccello)*
Volkstümliche Darstellung des katalanischen Banditentums: Ex Voto aus Ripoll, Provinz Gerona *(Ampliaciones y Reproducciones MAS, Barcelona)*
Sizilianische Terracotta-Gruppe, wahrscheinlich von F. Bonnano *(Museo Nazionale di Palazzo Bellomo, Syrakus)*

213

Sizilianische Bauernschnitzerei; 19. Jahrhundert, Provinz Syrakus *(Museo Nazionale di Palazzo Bellomo, Syrakus)*
Giuseppe Musolino
Standbild aus De Setas Film *Banditti ad Orgosolo (National Film Archive)*
Romantisierter Bandit, Gemälde von Charles-Alphonse-Paul Bellay *(Radio Times Hulton Picture Library)*
Photographie des lebenden Salvatore Giuliano *(Keystone Press)*
Photographie des toten Salvatore Giuliano in einem Hof in Castelvetrano *(Keystone Press)*
Filmische Rekonstruktion eines Hinterhaltes, den Giulianos Bande gelegt hatte *(National Film Archive)*
Sardische Banditensteckbriefe *(Camera Press)*

Amerika
Brüder James als Helden populärer Belletristik, 1892 *(Sammlung Mansell)*
Jesse James *(British Museum)*
Henry Fonda im Film *Jesse James,* 1939 *(National Film Archive)*
Titelseite von *A Vida de Lampeao,* 1962 *(Editora Oratica Sonza, Sao Paulo)*
Standaufnahme aus dem brasilianischen Film *O Cangaçeiro,* 1953 *(National Film Archive)*
Pancho Villa als General der Revolution, Dezember 1913 *(Radio Times Hulton Picture Librrary)*

Rußland und Osteuropa
Jemeljan Pugatschow, Anführer der großen Bauernaufstände 1773–75 *(Paul Popper Ltd.)*
Panaiot Hitow, Anführer der nationalen Aufstände 1867–68 *(Bulgarische Akademie der Wissenschaften, Sofia)*
Giorgios Volanis, Anführer der griechischen Banden in Mazedonien Anfang des zwanzigsten Jahrhunderts *(Institut für Balkanstudien, Saloniki)*
Konstantin Garefis und seine Bande, ca. 1905 *(Institut für Balkanstudien, Saloniki)*
Sandor Rozsa im Gefängnis *(Ungarisches Nationalmuseum)*
Sandor Rozsa als Held einer Legende; Standaufnahme aus Miklos Jancsos Film *(National Film Archive)*

Asien
Wu Sung und Tschieh Tschen: Illustrationen zum Schui Hu Tschuan aus dem 16. Jahrhundert *(British Museum)*
Hinrichtung der Piraten von Namoa, Kowlun, 1891, mit britischen Sahibs *(Radio Times Hulton Picture Library)*
Lolo-Banditen aus der Provinz Setschuan *(Paul Popper Ltd.)*
Pindari *(British Museum)*

Expropriatoren
Semjon Arschakowitsch Ter-Petrossjan »Kamo«, bolschewistischer Berufsrevolutionär, 1882–1922 *(Presse-Agentur Nowosti)*
Francisco Sabaté »El Quico«, Anarchist und Expropriator Kataloniens 1913–60 *(Sammlung des Verfassers)*

Banditen und bildende Kunst
Studie eines Brigantenkopfes von Salvator Rosa (1619–73) *(Sammlung Mansell)*
Banditenhauptmann, englischer Stich nach Salvator Rosa aus dem 18. Jahrhundert *(Sammlung Mansell)*
Der grausame Bandit: Gemälde von Goya *(Ampliaciones y Reproducciones MAS, Barcelona)*
Der sentimentale Bandit: »Der Apenninenbandit«, 1824, von Sir Charles Eastlake *(Radio Times Hulton Picture Library)*
Der theatralische Bandit: »Brigands« von Jean-Baptiste Thomas (1781–1854) *(Radio Times Hulton Picture Library)*
Der opernhafte Bandit: »Verratener Bandit« von Jean-Emile-Horace Vernet (1789–1863), *(Wallace Collection)*
Der Bandit als Symbol: »Ned Kelly«, 1956, von Sidney Nolan *(Arts Council of Great Britain)*

Photobeschaffung: Georgina Brückner

st 48   Unterbrochene Schulstunde
Eine Anthologie mit Texten von
Bertolt Brecht, Alfred Döblin, Hermann Hesse, Ödön von
Horváth, James Joyce, Erich Kästner, Thomas Mann,
Robert Musil, Bernard Shaw, Kurt Tucholsky, Robert
Walser, Franz Werfel, Paul Nizan, Stefan Zweig
Zusammengestellt von Volker Michels
ca. 250 Seiten
14 Autoren des zwanzigsten Jahrhunderts reproduzieren
das Erlebnis der Schulzeit. Das Resultat ist eine enga-
gierte, kritische Auseinandersetzung mit dem, was Schule
ist: erste Konfrontation mit Autorität und Gesellschaft.

st 49   Ernst Bloch,
Naturrecht und menschliche Würde
ca. 480 Seiten
»Naturrecht und menschliche Würde« erörtert die abend-
ländische Naturrechtsdiskussion von Epikur und der Stoa
über Thomas von Aquin, Althus, Hobbes, Grotius, Rousseau, Kant, Fichte, die Französische Revolution und Marx
bis zum Bürgerlichen Gesetzbuch und faschistischen
Theorien.

st 50   Hans Erich Nossack,
Spirale
Roman einer schlaflosen Nacht
ca. 320 Seiten
»Ein Mann erzählt, was ihn schlaflos machte. Er müht
sich, sein Leben zurück und zu Ende zu denken. Traum
und Bewußtsein, Romantik und Psychoanalyse, Parodie
und Märchen bestehen hier nebeneinander.«   *Willi Fehse*

st 51 Tschingis Aitmatow
Der weiße Dampfer. Roman
Aus dem Russischen von Hans-Joachim Lambrecht
176 Seiten
In der Zeit einer neuen aufgeklärten Gesellschaft hat sich
irgendwo in kirgisischer Bergeinsamkeit der Märchenglaube

erhalten. Mit poetischer Eindringlichkeit erzählt Aitmatow die Geschichte des Jungen, der zwei Märchen besaß und von denen kein einziges blieb. Aitmatow – 1928 in Kirgisien geboren – ist als ein Meister des Erzählens bekanntgeworden. Aragon nennt »Dshamilja«: Die schönste Liebesgeschichte der Welt. (Bibliothek Suhrkamp)

st 52 Hermann Hesse
Unterm Rad
Erzählung
Kein anderes Buch Hermann Hesses hat unmittelbar nach Erscheinen (1906) eine vergleichbare Welle der Entrüstung ausgelöst. Neben Musils »Die Verwirrungen des Zöglings Törleß« war »Unterm Rad« die nachhaltigste Anklage gegen das Erziehungsritual jener Jahre. Auch heute noch gilt die Empfehlung von Theodor Heuss: »Ein Tendenzwerk? Ja, dort, wo es mit warmen Worten das Recht der Jugend auf eine Jugend verlangt!«

st 53 Materialien zu Hermann Hesses Steppenwolf
Herausgegeben von Volker Michels
Eine Dokumentation der Entstehungs- und Wirkungsgeschichte des Werkes, das Hermann Hesse zum meistgelesenen europäischen Autor in den USA und Japan gemacht hat. Der Band enthält eine Fülle von unveröffentlichtem Material, das erstmals die zeit- und gesellschaftskritischen Motivationen Hermann Hesses in das Bewußtsein rückt.

st 54 Claude Hudelot
Der Lange Marsch
Aus dem Französischen von Gundl Steinmetz
ca. 400 Seiten
Durch den legendären *Langen Marsch* (1934 bis 1935) wurde die chinesische Rote Armee vor der Niederlage gerettet und konnte im Norden eine neue Basis aufbauen, von der aus sie den Kampf gegen die japanischen Okkupanten und damit ihren endgültigen Siegeszug antrat. Der Sinologe und Chinahistoriker Claude Hudelot

hat aus allen ihm zugänglichen Texten eine fesselnde Reportage des Langen Marsches rekonstruiert, die zugleich Realität und Mythos dieses Geburtsereignisses der Chinesischen Revolution deutlich macht.

st 55 Lucien Malson
Die wilden Kinder
Aus dem Französischen von Eva Moldenhauer
286 Seiten
Lucien Malson stellt alle bisher bekanntgewordenen Fälle von Kindern dar, die außerhalb jeder menschlichen Gesellschaft quasi wie Tiere aufgewachsen sind. Der Band enthält außerdem die Beschreibung der Sozialisierungsversuche des »Wolfsjungen von Aveyron«, die sein Erzieher Jean Itard Anfang des 19. Jahrhunderts veröffentlicht hatte. Diese Beschreibung diente dem französischen Regisseur François Truffaut als Vorlage für seinen erfolgreichen Film »Der Wolfsjunge«.

st 56 Peter Handke
Ich bin ein Bewohner des Elfenbeinturms. Aufsätze
240 Seiten
Die gesammelten Aufsätze, die allgemein theoretischen und die Filmkritiken, die Buchbesprechungen und die sich auf die Tagespolitik beziehenden, enthalten programmatische Äußerungen über die gegenwärtige kulturelle und gesellschaftliche Situation. Und sie sind Ausdruck eines weitgespannten Temperaments.

st 57 Marie Luise Kaschnitz
Steht noch dahin
96 Seiten
Prosaskizzen, gewichtiger als manches umfangreiche Buch. Marie Luise Kaschnitz hat darin Einsichten ihrer Weltschau gesammelt. Sie reflektiert die menschliche Vergeßlichkeit, die Unfähigkeit, aus Erfahrungen zu lernen. Zugleich aber klingt die Hoffnung an, der Mensch könne zu der Einsicht gelangen, daß er veränderbar sei.
Hermann Kesten: »Man findet eine poetischen Reichtum auf engstem Raum, eine Fülle von lakonischen Einfällen. Es ist eine Weltkritik in Blitzlichtern.«

st 58 Hans Mayer
Georg Büchner und seine Zeit
480 Seiten
Dieses Buch ist eine der lebendigsten Darstellungen des
großen Dichters und Revolutionärs Georg Büchner und
der Nachwirkungen seines Werkes. Die kenntnisreiche
Schilderung der Zeit, in der Büchner wirkte, macht es
zugleich zu einer Studie über Geschichte und Geistes-
geschichte der Periode der Metternichschen Restauration.

st 59 Pietro Hammel
Unsere Zukunft: die Stadt
240 Seiten, mit vielen Abbildungen
Der vorliegende Band des in Rotterdam lebenden Schwei-
zer Architekten und Städteplaners ist eine präzise Analyse
des Phänomens Stadt und ihrer derzeitigen Probleme
und der Versuch, ein neues Bewußtsein für die noch aus-
stehende Therapie unserer großen Städte zu schaffen.

st 60
Wie, warum und zu welchem Ende wurde ich
Literaturhistoriker?
ca. 240 Seiten
Der Band erscheint zum 70. Geburtstag Robert Minders.
Seine Themenstellung geht auf eine Anregung Minders
zurück. Die Beiträger bereiten dem großen Kollegen
keine der üblichen Festschriften, sondern stellen sich am
Beispiel des eigenen Werdegangs zugleich auch den aktuel-
len Problemen ihrer Disziplin. – Namhafte Gelehrte
nehmen an diesem Unterfangen teil, und so kann der
Band auch angesehen werden als Lageskizze einer Wis-
senschaft heute, ausgeführt von ihren ausgewiesenen
Vertretern.

st 61 Herbert Achternbusch
Die Alexanderschlacht
240 Seiten
Über *Die Alexanderschlacht* schrieb Reinhard Baumgart:
»Sieht neben Achternbusch der Blechtrommler Oskar nicht
aus wie ein Gottfried-Keller-Zwerg in Bleyle-Hosen?
Denn das ist sicherlich zweierlei: den Anarchismus nur
vorzuführen als ein Thema oder ihn loszulassen als eine
Methode. Genau das tut Achternbusch.«

st 62 Claude Lévi-Strauss
Rasse und Geschichte
Aus dem Französischen von Traugott König
ca. 100 Seiten
1952 veröffentlichte die UNESCO eine Schriftenreihe, in
der von wissenschaftlicher Seite in allgemeinverständ-
licher Form die Unsinnigkeit jeder Art von Rassismus
dargelegt werden sollte. Unter den Autoren befand sich
der damals nur in Fachkreisen bekannte Ethnologe
Lévi-Strauss, dessen Beitrag das Thema jedoch weit
überschritt und sich heute als leichtfaßliche Einführung
in den Problemkreis des Strukturalismus anbietet.

st 63 Wolf Lepenies
Melancholie und Gesellschaft
352 Seiten
Melancholie und Gesellschaft ist die bislang material-
und erkenntnisreichste Untersuchung der verschiedenen
Spielarten bürgerlicher Melancholie als eines historischen
soziologischen Phänomens der bürgerlichen Gesellschaft.
Ziel dieser Studie ist es, den ideologieverwandten Charakter dieser Affekthaltung und ihre Abhängigkeit von gesellschaftlichen Verhältnissen nachzuweisen.

st 64 F. Cl. Werner
Wortelemente lateinisch-griechischer Fachausdrücke in
den biologischen Wissenschaften
480 Seiten
Lateinisch-griechische Fachbegriffe spielen vor allem in
den biologischen Wissenschaften, einschließlich der medi-
zinischen Anatomie und Physiologie, eine nicht zu eli-
minierende Rolle. Dieses Fachwörterbuch wird für all
jene zum unerläßlichen Hilfsmittel, die sich mit den bio-
logisch orientierten Naturwissenschaften beschäftigen:
Wissenschaftler wie Naturfreunde.

st 65 Hans Bahlow
Deutsches Namenlexikon
592 Seiten
Die grundlegenden Fragen der Namenentstehung,

Namenfestigung und Namenverbreitung beantwortet das Deutsche Namenlexikon. Insgesamt 15 000 Familiennamen mit ihren Ableitungen und viele Vornamen finden hier eine durch gesicherte Kenntnisse fundierte, ausführliche Deutung nach Ursprung und Sinn.

st 66 Eric J. Hobsbawm
Die Banditen
Aus dem Englischen von Rudolf Weys. Mit Abbildungen
224 Seiten
Die Banditen ist eine vergleichende Geschichte und Soziologie berühmter Banditenführer, die einerseits als wirkliche historische Figuren, andrerseits als Helden von Balladen, Geschichten und Mythen ganze Länder immer wieder in Schrecken versetzt haben, zugleich aber von unterdrückten Schichten oft als Wohltäter begrüßt wurden, auf jeden Fall die Menschen stets fasziniert und ihre Phantasie angeregt haben.

st 69 Walter Benjamin
Ursprung des deutschen Trauerspiels
288 Seiten
Von der Analyse der deutschen Trauerspiele des 17. Jahrhunderts ausgehend, liefert Benjamin einerseits die Geschichtsphilosophie der Barockepoche, auf der anderen Seite eine stringente Abgrenzung der klassischen Tragödie vom Trauerspiel als literarischer Form sui generis. Die Rettung der Allegorie – das Zentrum des Trauerspielbuches – eröffnete erstmals den Blick für lange verkannte Bereiche der poetischen wie der theologischen Sprache.

st 70 Max Frisch
Stücke I
368 Seiten
Bereits Max Frischs erste Stücke sind Versuche, die Frage zu beantworten, die sein ganzes Werk bestimmt und ihm seine Einheit gibt: die Frage nach der Identität. Der Band enthält die Stücke *Santa Cruz, Nun singen sie wieder, Die Chinesische Mauer, Als der Krieg zu Ende war, Graf Öderland.*

st 97/98 Knut Ewald
Innere Medizin
ist das auf dem aktuellsten Stand befindliche, derzeit
erhältliche Kompendium der Inneren Medizin. Als über-
sichtliches – den ganzen Stoff der Inneren Medizin stich-
wortartig resümierendes – Nachschlagwerk ist es das
ideale Handbuch für alle Studierenden, Ärzte und inter-
essierte Laien. Ein umfangreiches Sachwortverzeichnis
ermöglicht eine rasche Orientierung.

st 127 Hans Fallada
Tankred Dorst
Kleiner Mann – was nun?
Eine Revue von Tankred Dorst und Peter Zadek
ca. 200 Seiten
Tankred Dorst hat Hans Falladas 1932 erschienenen
Roman »Kleiner Mann – was nun?« dramatisiert, der
zu einem der größten Bucherfolge seiner Zeit wurde. In
der Geschichte des kleinen Angestellten Pinneberg und
der Arbeitertochter Lämmchen in den Jahren der großen
Arbeitslosigkeit erkannten Hunderttausende ihre eigene
Geschichte, ihren Alltag, ihre Welt. Die Dramatisierung
von Tankred Dorst wurde für die Neueröffnung der
Städtischen Bühnen Bochum unter der Leitung von Peter
Zadek vorgenommen.

st 150 Zur Aktualität Walter Benjamins
Aus Anlaß des 80. Geburtstags von Walter Benjamin
herausgegeben von Siegfried Unseld
288 Seiten
Der vorliegende Band »Zur Aktualität Walter Benjamins« nimmt wichtige, hier erstmals publizierte Abhandlungen auf, die aus diesem Anlaß geschrieben worden sind, und Texte von Walter Benjamin, seine »Lehre
vom Ähnlichen«, eine umfangreiche Variante der Arbeit
»Über das mimetische Vermögen«, den autobiographisch
bedeutenden Text »Agesilaus Santander«, den Briefwechsel
mit Bertolt Brecht und drei Lebensläufe, deren letzter
kurz vor seinem Tod geschrieben wurde.